INDICATEUR

DE LA

FABRIQUE DE SOIERIE

DES INDUSTRIES QUI S'Y RATTACHENT

ET DU

COMMERCE DES TISSUS

SUIVI

DE PROFESSIONS, ANNONCES DIVERSES ET ADMINISTRATIONS.

Par Jules BENOIT

Prix : broché, 2 francs; cartonné, 2 francs 50 centimes.

LYON
IMPRIMERIE ET LITHOGRAPHIE PINIER
Rue Tupin, 31

1866

AVIS AU COMMERCE

Nous avons entrepris cette publication afin d'être utile à l'ancienne et riche industrie de notre cité.

Il ne nous appartient pas de faire l'éloge de notre livre; seulement, il sera facile de se convaincre, par l'usage, que toutes nos indications ont été prises avec la plus scrupuleuse exactitude.

Rien n'a été négligé pour la belle exécution de cet **Indicateur**, papier, impression, et caractères faciles pour les recherches.

Nous avons l'espoir que ce travail, aussi complet qu'il puisse l'être, sera apprécié à sa juste valeur.

Ce début étant couronné d'un plein succès, nous préparerons plus tard un **Indicateur général** fait dans les mêmes conditions.

JULES BENOIT.

Lyon, 3 mars 1866.

INDICATEUR

DE LA

FABRIQUE DE SOIERIE

DES INDUSTRIES QUI S'Y RATTACHENT

ET DU

COMMERCE DES TISSUS

SUIVI

DE PROFESSIONS, ANNONCES DIVERSES ET ADMINISTRATIONS

PREMIÈRE PARTIE

COMPRENANT

les Marchands et Courtiers de Soies
les Fabricants d'Étoffes de soies
les Fabricants de Tulles
et les Commissionnaires en Soieries.

Condition des soies,
Rue St-Polycarpe, 7.

M. PERRET, directeur; M. Bouillard, contrôleur.

Droits à percevoir pour le conditionnement :

Pour la soie, de 1 à 20 kilog., 2 fr. 60 cent.
Pour toute partie excédant 20 kilog., 14 cent. le kilog.
Pour chaque partie de laines non filées, du poids total de moins de 100 kilog., 3 fr.
Pour chaque partie de laines filées, du poids total de moins de 100 kilog., 3 fr. 50 cent.
Pour toutes les qualités au-dessus de 100 kilog., filées ou non filées, 5 cent. par kilog,

Magasin général des soies,

Place des Pénitents-de-la-Croix.

La Société lyonnaise des magasins généraux des soies est administrée par un conseil de dix-huit membres, et un comité de trois censeurs.

Elle est autorisée à recevoir dans les divers magasins les marchandises ci-après, sur lesquelles elle délivre des warants, aux termes de la loi du 28 mai 1858.

A Lyon, cocons soie, déchets de soie et toutes matières textiles filées propres à la fabrication des tissus.

A Marseille, cocons soie et déchets de soie.

A Avignon, cocons soie, déchets de soie et garances.

Président du Conseil d'administration,

ARLÈS-DUFOUR, C. ❄.

V. Philippe, directeur général à Lyon;
E. Lambert, directeur particulier à Marseille;
F. Fabre, directeur particulier à Avignon.

Banque de France.

Succursale de Lyon, comptoir rue Impériale.

M. MONNET (J.), directeur.

Banquiers.

Audra-Fauvel (Vve), Schlenker et Cie, gr. r. Ste-Catherine, 5.
Aynard et Ruffer, r. Impériale, 19.
Bouilhol (H.) et Cie, pl. St-Nizier, 5.
Collet (A.-F.) et Cie, comptoir d'escompte de Lyon, r. St-Côme, 9.
Côte (Marius) et Cie, r. de l'Impératrice, 32.
Crédit lyonnais, palais de la Bourse, président, H. Germain.
De Riaz-Audra et Cie, q. de Retz, 10.
Droche ❄, Robin et Cie, Comptoir lyonnais, r. de l'Impératrice 38, maison à Marseille,
Evesque et Cie, et marchands de soie, r. Puits-Gaillot, 31.
Galline (P.) et Cie, r. Impériale, 13.

Garcin (J.-V.) et marchand de soie, r. du Griffon, 13.
Guérin (Vve) et fils, et marchands de soie, r. Puits-Gaillot, 31, maison à St-Étienne.
Joannon (A.), négociant, q. Tilsitt, 23.
Morin-Pons (Vve) et Morin, r. Impériale, 12.
Quisard ✻ et Cie, et march. de soie, r. Puits-Gaillot, 33.
Société générale pour favoriser le développement du commerce et de l'industrie en France; agence de Lyon, Rolland (H.), r. Impériale, 6.
Verlonjus et Cie, r. de Créqui, 101.
Vitta (J.) et marchand de soie, pl. Tholozan, 19.

Le Moniteur des soies

Journal hebdomadaire paraissant tous les samedis, publie les cours officiels, les documents intéressant spécialement l'industrie des soies et la fabrique, la situation des affaires sur les principaux marchés européens et étrangers, etc. *Directeur-gérant*, Ed. Foucault; administration, palais du Commerce, place de la Bourse.

Condition de l'abonnement : Ville de Lyon, 25 fr.
— Départements, 30 fr.
— Pays étrangers, 40 fr.
— Indo-Chine, 50 fr.

Soie (marchands de).

Anrès (A.-H.), r. Impériale, 1; maison à St-Étienne.
Appold Schulthess et Cie, q. de Retz, 1; maison à St-Étienne, Grenoble, Zurich et New-York.
Arlès-Dufour C. ✻ et Cie, pl. Tholozan, 19; maisons à Paris, r. du Conservatoire, 11; à St-Etienne, Marseille, Grenoble, Zurich et Londres.
Astesani, représentant, pl. Tholozan, 21.
Barrier (P.-F.), r. du Théâtre, 1.
Beaux (A.), commissionnaire, pl. Croix-Pâquet, 11.
Benoît (A.), Miroglio (J.), et Cie, r. Puits-Gaillot, 29; maison à Marseille, r. Montaux, 23.
Berjon (A.) et Cie, r. Pizay, 7.
Bianchini (P.), r. Pizay, 3.

Bianchi et Duseigneur, r. Mulet, 18.
Bié père et fils, commissionnaires, q. de Retz, 1.
Blanc-Gindre, r. du Garet, 4.
Bouillier et Cie, r. Désirée, 14.
Bouër (J.) et Cie, r. Désirée, 14.
Boule (E.) et Kitz, r. Romarin, 33.
Bouniols (E.), r. Terraille, 22.
Brémal (T.), représentant, r. Pizay, 3.
Brochier et Casati, commission., r. Puits-Gaillot, 23.
Brun fils et Carles, r. Désirée, 2.
Caccianiga, représentant, r. Désirée, 6.
Ceresole et Montu, r. de l'Arbre-Sec, 3.
Cesano, r. Désirée, 14.
Chartron père et fils et Monnier, r. de l'Arbre-Sec, 11.
Chavanne (J.) et Cie, r. Désirée, 13.
Cheylan, déchets, r. Désirée, 4.
Chomel, Auvergne et Mollard, petite r. des Feuillants, 5.
Comi (Ch.), comm., r. St-Polycarpe, 10.
Conrad frères, grèges et ouvrées, r. Puits-Gaillot, 1.
Contant (Eug.), r. Pizay, 5.
Coumert et Jaillard, r. Pizay, 18; r. Impériale, 4.
Court (J.-B.), r. Désirée, 9.
Curtis L. et B. et Cie, r. Impériale, 7.
Derussy (Vve) et Gauthier, r. du Griffon, 14.
Desgeorge (F.) et Cie, commis., r. Puits-Gaillot, 19.
Desgrand père et fils, commis. en soies françaises et étrangères, r. du Garet, 5; maisons à St-Etienne, Bâle et Créfeld.
Desgrand (L.) et Cie, commission. en soie, r. Lafont, 24; maisons à Londres, Marseille et Milan.
Desplagnes (J. et E.) frères, r. du Griffon, 3.
Droche ✻ Robin et Cie, et banque, r. de l'Impératrice, 38.
Ducarre (P.) et Cie, r. Pizay, 14.
Dugas (P.), et banque, pl. Tholozan, 22.
Dumollard fils et Gonssolin, r. de l'Arbre-Sec, 20.
Dumontel et Craponne, r. du Garet, 3; maison à Turin.
Dunod (C.), q. de Retz, 10, commis. en soie, représentant de la maison J.-A. Cotta, de Turin.
Duplay et Repelin, r. Pizay, 9.
Durieux (A.), r. de l'Arbre-Sec, 3.
Evesque et Cie, banquiers, r. Puits-Gaillot, 31.

Fermaud, commissionnaire, r. Pizay, 5.
Feroldi (L.) et Cie, commissionnaires, r. Pizay, 5.
Ferrieu et Cie, r. Lafont, 16; maison à Marseille, r. Sainte, 44, et à St-Etienne, r. des Jardins, 6.
Ferrieux (D.-M.), commission., r. des Capucins, 7.
Fischer frères, commis. et reprès., r. Désirée, 2.
Forrer et Vergnier, laines et fantaisies, r. Bât-d'Argent, 17.
Frau (H.), r. Désirée, 4.
Gamot et Cie, r. Puits-Gaillot, 11; maison à Marseille.
Garcin (J.-V.), r. du Griffon, 13.
Gassier (H.), représentant, r. Romarin, 33.
Germain frères et Cie, r. Ste-Catherine, 3.
Gignoux (C.) et Cie, et soieries, r. du Garet, 3.
Grisillon (A.), r. Puits-Gaillot, 27.
Guérin (Vve) et fils, banquiers, r. Puits-Gaillot, 31.
Guichard (V.) et Mercier, r de l'Arbre-Sec, 6.
Hecht, Lilienthal et Cie, r. du Garet, 3.
Heitz et Devèze, commis., r. de l'Arbre-Sec, 16; maisons à Marseille, r. Sylvabelle, 110, et à Londres, 34, Great-Winchester Street.
Jame (Hte) et Aillaud, r. Désirée, 4.
Janson, Suter et Cie, r. Désirée, 2.
Kayser-Siegfried, pl. Tholozan, 24; maisons à Créfeld et à Londres.
Lacroix cousins et Cie, r. Désirée, 15; maison à Londres.
Lardon (P.), r. Désirée, 19.
Larivière (H.), commissionnaire, r. des Capucins, 22.
Laroche et Chaverot, commissionnaires, q. de Retz, 15.
Laurent (R.), commissionnaire, r. Terraille, 18.
Lehmann et Cie, de Londres, r. Puits-Gaillot, 19.
Lombard et Cie, r. Désirée, 19.
Mallier (P.), r. Pizay, 22.
Marley-Bell, r. Romarin, 33.
Martorelli et Cie, pl. Tholozan, 23.
Mathieu (J.), commis., p. Croix-Pâquet, 5.
Mathieu (M.), r. Pizay, 22.
Mayor (C.), représentant, r. de l'Arbre-Sec, 16.
Mayrargues et Cie, commissionnaires, r. de l'Arbre-Sec, 40.
Michaux (de) F. et Cie, r. Pizay, 16.
Milsom, F. Poix et Ch. Berry, pl. Tholozan, 19.
Momfaure et Cie, commissionnaires, r. de l'Arbre-Sec, 11.

Montagny et Cie, pl. des Terreaux, 7.
Montet et Teulon, r. Désirée, 4.
Moro (M.), représentant, r. Pizay, 3.
Olivier (B.), r. Terraille, 22.
Palix (J.) et Juge, r. Pizay, 5.
Palluat (H.) et Testenoire, r. du Griffon, 13; maison à St-Etienne.
Pavia et Osio, r. de l'Arbre-Sec, 18.
Pericaud, Thibaut et Cie, r. de l'Arbre-Sec, 13.
Perriollat fils et Beaurepaire, déchets, q. St-Clair, 13.
Picollet (J.), fabricant de soies pour dorures, grande rue Longue, 20.
Pirjantz (A.), et soieries, r. Puits-Gaillot, 31.
Pittaluga (F.), pl. Tholozan, 19.
Puech aîné, r. Puits-Gaillot, 9.
Quisard ✻ et Cie, r. Puits-Gaillot, 33.
Rambaud-Thoral et Sestier, q. de Retz, 7.
Rast, Longin et Cie, r. Désirée, 16.
Revol et Dassier, r. Bât-d'Argent, 18.
Salavy père, fils et Cie, représentés par Gabriel Eymard, r. de l'Arbre-Sec, 20.
Semenza (E.), représentant, r. Pizay, 3.
Seux (Ant.) et Cie, r. Désirée, 4.
Simian (O.), commis., r. Désirée, 2.
Tavernier et Thevenin, r. Ste-Catherine, 7,
Testa (P.) et Cie, commissionnaires, r. Puits-Gaillot, 7.
Thévenin (L.), r. Désirée, 4.
Thomas (V.) aîné, r. du Griffon, 3.
Thomas frères, r. du Griffon, 1.
Thompson, Pattinson et Piper, r. Bât-d'Argent, 6.
Tillard (Ch.), r. Pizay, 22.
Tonoir (A.), r. Désirée, 16.
Travi et Denavit, pl. Tholozan, 22.
Tronel (Côme), représentant, r. Puits-Gaillot, 25.
Tronel (J.-F.), représentant de la maison Patinsson J. et fils, de Londres, r. Puits-Gaillot, 1.
Vallelion (J.), r. Romarin, 33.
Varenne, r. Désirée, 21.
Vernier (A.), r. St-Claude, 4.
Vialleton, r. de l'Arbre-Sec, 9.
Vincent et Soulier, r. Désirée, 4.

Vitta (J.), pl. Tholozan, 19.
Vivanti, Annett et Cie, r. du Garet, 3; mais. à Londres.

Courtiers pour la soie.

Armand (Ch.), q. d'Albret, 28; boîte r. Puits-Gaillot, 25.
Bergeret (F.), pl. des Hospices, 1; boîte pl. de la Coméd. 25.
Besson (F.-L.-M.), syndic, r. Impériale, 83; boîte r. Puits-Gaillot, 25.
Brisson (H.), r. Terme, 16; boîte r. Puits-Gaillot, 27.
Chabannes (C.), r. du Griffon, 7; boîte r. Puits-Gaillot, 25.
Delcroix (N.), q. St-Clair, 2; boîte r. Puits-Gaillot, 25.
Duclaux (C.-J.), r. de la Platière, 9; boîte r. Puits-Gail. 25.
Dussourd (T.), r. Royale, 31; boîte r. Puits-Gaillot, 25.
Eymard (V.), r. du Cardinal-Fesch, 48; boîte r. P.-Gail. 21.
Guerrier (J.-J.-F.), pl. de la Miséric., 3; b. r. P.-Gaillot, 27.
Jarrosson (P.-M.), avenue de Noailles, 65 (*bis*); boîte r. Puits-Gaillot, 2.
Joannon (E.), pl. St-Clair, 4; boîte r. Puits-Gaillot, 25.
Montet (A.), r. de l'Annonciade, 15; boîte r. Puits-Gaill. 2.
Mazeirat (P.-A.), r. de l'Abbaye-d'Ainay, 4; b. r P.-Gail. 25.
Ponthus-Cinier (J.-C.), q. Castellane, 2; b. r. P.-Gail., 25
Raynaud (L.), r. d'Algérie, 11; boîte r. Puits-Gaillot, 2.
Roque (M.), pl. Tholozan, 27; boîte r. Puits-Gaillot, 27.
Sève (C.-L.), r. Pizay, 3; boîte r. Puits-Gaillot, 2.
Tardy (J.-L.-F.), r. Madame, 14; boîte r. Puits-Gaillot, 21.
Troubat (A.), r. Ste-Hélène, 49; boîte r. du Théâtre, 2.

Soieries, châles, velours (fab. de).

Adam (H.) et Cie, unies et façonnées, r. Lafont, 18.
Affre et Jobert, foulards imp., r. des Capucins, 16.
Albert Lyon et Cie, taffetas unis, r. du Griffon, 1.
Alex (C.), fab. de satin uni et foul., r. Puits-Gaillot, 7.
Algoud frères (unies), r. du Griffon, 3.
Amiet et Montagnon, unies et nouv., r. des Capucins, 25.

Andréan (Ch.), fabrique de soieries et nouveautés, articles cols et cravates, r. St-Polycarpe, 14.
Araud frères, pour parapluies, r. St-Polycarpe, 12.
Arlin frères, unies et nouveautés, pl. Croix-Pâquet, 11.
Aubert et Cie, étoffes p. la chapellerie, r. Impériale, 22.
Audry (B.), velours unis, couleurs, r. Puits-Gaillot, 33.
Ballard et Cambon, fab. de foulards, r. des Capucins, 23.
Balme et Cie, foulards imprimés, r. des Capucins, 24.
Balmont et Cie, velours et étoffes pour voitures, r. de l'Arbre-Sec, 20.
Barban et Masson, ornements d'église, r. Mercière, 26.
Barbequot, Cheneaud et Cie, châles soie, r. Puits-Gaillot, 21.
Bardon et Ritton, armures et velours, grande rue des Feuillants, 4.
Barogy (V.) et Cie, p. chapellerie, r. des Capucins, 14.
Baudinot, Couturier et Cie, velours, r. des Capucins, 18.
Bayard aîné et fils, p. chapellerie, r. Bât-d'Argent, 17.
Bayard (L.), pour chapellerie, r. de l'Impératrice, 100.
Bayzelon (A.) et fils, nouveautés et popelines, genre Molière, r. Pizay, 9, et r. Lafont, 8.
Bellaton (J.-B.) et Cie, unies et châles soie, pl. Tholozan, 26.
Bellon ✻ frères et Conty, unies et armures, r. du Griffon, 8.
Belmont frères et Cie, unies et façonnées, pl. Croix-Pâquet, 5.
Berger (Vve) et Cie, unies et cravates, pl. Cr.-Pâquet, 5.
Berger frères, armures, gilets, cols et cravates, pl. Croix-Pâquet, 2.
Berger jeune, meubles, r. des Capucins, 13.
Bergeron (A.), velours unis, r. des Capucins, 20.
Berthet et Josserand, taffetas noirs et couleurs, pl. Tholozan, 19.
Berthuin aîné, soieries, nouveautés, cravates, étoffes pour cols, r. du Griffon, 7, et pl. Tholozan, 21.
Bertrand et Floret, unies et façonnées, pl. Tholozan, 26.
Bidon (J.-M.), brochées, ornements d'église, meubles et broderies, r. St-Polycarpe, 12.
Bied-Charreton et Latour, gazes, châles, r. Victor-Arnaud, 21.
Billiard frères et Cie, fabrique de velours en tous genres, r. des Capucins, 25.

Binoux et Drogue frères, velours, r. Royale, 22.
Blache, André et Lemaître, velours unis et épinglés, pl. Tholozan, 27.
Blanchon et Cie, velours et pluches, r. Terraille, 13.
Bloch (J.), foulards, r. des Capucins, 19.
Bocoup, Villard et Cie, façonnés, r. du Griffon, 5.
Boirivant (A.) aîné, noirs, r. des Capucins, 25.
Boissieu (de) et Cochaud, unies et façonnées, r. du Griffon, 17.
Bonnard (Ch.) et Mancardi, unies, pl. Croix-Pâquet, 5.
Bonnet ✻ (C.-J.) et Cie, médaille d'honneur 1855 et 1862, unies noires r. du Griffon, 8.
Bonnet, Cottin et Piot, r. Terraille, 15.
Bonnetain (E.) et Ch. Richarme, cravates et cols, pl. Croix-Paquet, 11.
Bonnevay aîné et A. Mielton, ornements d'église, articles brochés, r. Romarin, 16.
Bordet et Duchesne, r. Romarin, 21.
Botto et Cie, ornements d'église, r. Romarin, 29.
Botton et L. Chavant, nouveautés, gr. r. des Feuillants, 4.
Bouleau et Pethoton, nouveautés, q. St-Clair, 16.
Boyriven frères et Cie, soieries pour voitures, pl. Croix-Pâquet, 5.
Brachet fils et Cie, brochées or et argent, r. Coustou, 6.
Brassier (J.), fab. de gazes, pour bluterie, r. Désirée, 1.
Brebant, Salomon et Cie, unies et façonnées, gr. r. des Feuillants, 1.
Brès (M.) et Fortolis, unies et façonnées, p. r. des Feuillants, 2.
Breyton frères, châles, soies et nouveautés, r. Romarin, 27.
Brisson (E. et G.), velours unis, r. Lafont, 24.
Brosset-Heckel et Cie, satin et armures, port St-Clair, 18.
Brun (J.), parapluies, r. Terraille, 18.
Brunet-Lecomte ✻ et Cie, médaille d'honneur 1855 et 1862, nouveautés et foulards, pl. Tholozan, 24.
Bruny, Fillon et Cie, parapluies, r. des Capucins, 15.
Buffe (A.), parapluies, gr. r. des Feuillants, 5.
Burel oncle, neveu et Cie, gilets et ornements d'église, r. St-Polycarpe, 14.
Burlaton et Cie, velours et gilets, r. des Capucins, 22.
Caffarel (F.), unies, r. des Capucins, 9.

Cagear fils, velours et étoffes unies, pl. Croix-Pâquet, 9.
Camus (G.), velours unis, r. Royale, 31.
Caquet-Vauzelle ✻ et Côte, en tous genres, gr. r. des Feuillants, 6.
Carrabin et Cie, velours unis, r. Puits-Gaillot, 2.
Carrand (E.), r. St-Pierre, 25.
Carrier et Schenk, unies, r. du Griffon, 3.
Castellan, Audras, Brouchoud et Cie, nouv., r. Royale, 29.
Cavalli, Borgnis et Cie, fabricants d'étoffes de soie, r. du Griffon, 8.
Chaboud (E.) et Bardin, ornements d'église, r. St-Polycarpe, 9.
Chaboud aîné, ornements d'église, r. St-Polycarpe, 10.
Chaffanjon et Blanc, unies, petite r. des Feuillants, 9.
Champagne oncle, neveu et Cie, unies, r. Royale, 21.
Chamard et Bolud, velours unis, gr. r. des Feuillants, 2.
Chanay (A.), florence, pl. Croix-Pâquet, 2.
Chapuy (E.), pour parapluies, r. St-Polycarpe, 8.
Charbin (F.) et Troubat, velours, pl. Tholozan, 27.
Charbonnet fils, velours unis, r. des Capucins, 20.
Chardiny, Bourbon et Martin, unies, pl. Tholozan, 18.
Chardon et Daudet aîné, foulards, r. du Griffon, 3.
Châtel et Viennois, unies et nouv., pl. Croix-Pâquet, 11.
Chavanne (J.) et Cie, unies, r. Romarin, 1.
Chavent (A.) et Cie, façonnées, r. Puits-Gaillot, 2.
Chenevier, Duressy et Cie, châles, crêpes de Chine, unies et brodées, r. des Capucins, 19.
Chéreau fils, spécialité de haute nouveauté pour deuil, cols, crêpes, etc., exportation, r. Neuve, 16.
Cirlot et Frachon, foulards, r. des Capucins, 21.
Clayette et Mantelier jeune, velours, pl. Tholozan, 18.
Clément (F.), velours unis, pl. Croix-Pâquet, 11.
Clerc (A.), fabr. de crêpes, r. Puits-Gaillot, 27.
Cleto, Tassinari et Cie, orn. d'église, pl. Croix-Pâquet, 11.
Colin et Berger, unies, r. des Capucins, 26.
Combet (J.) et C. Rebatel, taffetas, r. Lafont, 20.
Cornu (G.), pour parapluies, r. des Capucins, 15.
Corrompt (J.) et fils, foulards, r. Victor-Arnaud, 13.
Coste (E.) et Lassalvy, cravates et taffetas, gr. r. des Feuillants, 8.
Couder (P.) et Cie, cravates et cols, pl. Croix-Pâquet, 2.

Dalmais (J.-J.), fabr. de soieries pour chapellerie, spécialité de confection de coiffe, nouveautés pour chapeaux souples et autres, r. Ste-Catherine, 11.
Darier (S.), fabr., cols-cravates, r. de l'Impératrice, 15.
David et Scipion, taffetas noir, r. du Griffon, 7.
Delon frères, velours unis, gr. r. des Feuillants, 4.
Denave et Chaland, étoffe grenadine, r. Impériale, 7.
Derbez et Vernay, unies et nouveautés, q. de Retz, 6.
Derognat (G.), gilets nouveautés, pl. Tholozan, 21.
Deschamps (P.) et A. Bachelu, robes nouveautés, r. Romarin, 3.
Desgrand (F.), unies et façonnées, r. Terraille, 22.
Desgranges, gazes, r. Bât-d'Argent, 2.
Desmarquest (F.), Prenat et Cie, velours unis, r. de l'Impératrice, 1.
Desq (P.) et Cie, unies et nouveautés, r. Puits-Gaillot, 23.
Detroyat (C.), pour ameublements, r. St-Polycarpe, 10.
Dime, châles soie, r. du Griffon, 3.
Donat (A.) et Cie, gilets nouveautés, pl. Croix-Pâquet, 3.
Dorey (J.) et Cie, foulards et cravates, r. des Capucins, 27.
Douillet (E.), fabr. de bannières, r. Monsieur, 60.
Dubanchet (M.-S.), taffetas et armures, r. des Capucins, 26.
Dubois jeune, foulards, r. Puits-Gaillot, 23.
Dufêtre (F.) et Cie, pour parapluies, r. St-Polycarpe, 14.
Dumas (J.-C.), unies, noires, r. Désirée, 6.
Dumont (F.), robes, r. Puits-Gaillot, 27.
Dumont et Rolland, unies, r. des Capucins, 24.
Duplan et Secrétant, p. ameublements, r. des Capucins, 19.
Duplomb (J.), parapluies, imp. St-Polycarpe, 2.
Dupont fils et Barrelon, satin, armures et velours unis, r. Victor-Arnaud, 17.
Durand frères, crêpes, foulards, r. de l'Arbre-Sec, 19.
Durieux (P.) fils, pour parapluies, r. St-Polycarpe, 5.
Duringe, Gouttebaron et Cie, unies, r. Puits-Gaillot, 4.
Emery (L.), façonnées et ameublements, r. Bât-d'Argent, 17.
Espiard frères et Cie, ancienne maison E. Thouverey et Cie, soieries façonnées, exportation, gr. r. des Feuillants, 6.
Falsant et Cie, velours unis, r. Puits-Gaillot, 2.
Favre (G.) et Cie, fabrique spéciale d'étoffes, nouveautés pour cols-cravates, cravates carrées, r. Romarin, 3.

Favrot frères, foulards, r. des Capucins, 31.
Faye et Thevenin, nouveautés, pl. Tholozan, 21.
Félix (A.) père et fils, foulards, r. Constantine, 9.
Ferteau jeune et Timon, ornements d'église, r. Ste-Catherine, 18.
Ferteau et Clarion, unies et façonnées, r. Pizay, 7.
Flandrin (A.), unies, r. Impériale, 1.
Font-Chambeyron et Benoit, velours unis r. Impériale, 2.
Fortoul (P.) et Louis, taffetas noirs, imp. Lorette.
Fornas et Bassieux frères, velours, r. Puits-Gaillot, 29.
Fournier (E.), étoffes brochées, r. Désirée, 6.
Framinet frères et Cie, unies p. modes, pl. Tholozan, 24.
Françon et Cie, étoffes soies unies, r. du Griffon, 3.
Furnion, aîné et Cie, gilets, r. du Griffon, 10.
Furnion (Etienne), r. Romarin, 11.
Gaillard (J.) et Cie, peluches, r. Royale, 27.
Galland (F.), cravates, pl. Croix-Pâquet, 5.
Galle (Aimé) et Cie, unies et nouveautés, gr. r. des Feuillants, 3.
Garcin et Cie, velours unis, r. Victor-Arnaud, 19.
Garin et Cie, gilets nouveautés, pl. Croix-Pâquet, 1.
Garnier et Cie, velours, r. Puits-Gaillot, 17.
Garnier (S.), nouveautés, pl. Sathonay, 5.
Gauthier (J.) et Cie, velours, pl. Tholozan, 27.
Gillot et Gauthier, ornements d'église, r. Ste-Catherine, 13.
Gindre et Cie, satins unis, r. Puits-Gaillot, 2.
Girard neveu, fils, Quinson et Cie, velours unis, r. Impériale, 8.
Girard oncle et neveu, taffetas, florence, lustrine, r. des Capucins, 26.
Girard (C.) et Cie, unies et façonnées, r. du Griffon, 12.
Giraud frères, unies, pl. Tholozan, 19.
Giraud (A.) et Cie, unies, noires et nouveautés, r. du Griffon, 12.
Girerd (J.), unies, petite r. des Feuillants, 6.
Girerd frères, ornements d'église, r. Bât-d'Argent, 12.
Girod et Richard, pour parapluies, r. des Capucins, 18.
Girodon ❄ (A.), nouveautés, q. de Retz, 3.
Givernaud frères, taffetas, pl. Croix-Pâquet, 11.
Gondre et Cie, velours, pl. Tholozan, 19.
Gonon et Cie, unies et nouveautés, r. Impériale, 2.

Gonnet et Cie, foulards, r. de l'Arbre-Sec, 3.
Goumand et Poix, velours et gilets, r. Coustou, 4.
Gourd, Croizat fils et Dubost, façonnées, q. de Retz, 1.
Gourd et Pelet, châles de soie, r. Impériale, 7.
Goux et Cie, pour chapellerie, r. Impériale, 26.
Graissot et Puigsech, foulards et soies pour la chapellerie, pl. Croix-Pâquet, 11.
Grand ✻ frères, ameublements, r. Impériale, 7.
Guéneau (C.), étoffes unies, r. du Griffon, 3.
Gueydan, Chavassieux et Cie, fabrique de soieries, gilets, nouveautés, cols-cravates, articles pour la confection pour dames, r. des Capucins, 18.
Guibout (J.) et Cie, ornem. d'église, pl. des Carmélites, 6.
Guinet (J.) et fils, unies, façonnées et nouveautés, r. Lafont, 20.
Guinet (A.) et Cie, unies, r. du Griffon, 13.
Guise frères et Cie, fab. d'étoffes de soie unies et velours, r. des Capucins, 16.
Guitard (A.), velours unis, r. Romarin, 21.
Gustelle et Macary, p. ameublements, r. de l'Arbre-Sec, 18.
Guyot (S.), cravates, r. St-Polycarpe, 16.
Hardouin, velours, r. des Capucins, 22.
Henry (A.) et Jouve, ornements d'église, r. Lafont, 8.
Jaillard père et fils, ornements d'église, r. Impériale, 12.
Jametton (A.) et Cie, unies, r. des Capucins, 22.
Jandin (C.) et A. Duval, foulards, r. Puits-Gaillot, 31.
Janin et Cie, velours unis, r. Puits-Gaillot, 29.
Jarrosson, crêpes, r. Puits-Gaillot, 19.
Josserand, Feyrot et Cie, nouveautés, pl. Tholozan, 19.
Jourdan, Verchère et Cie, foulards et taffetas unis, r. des Capucins, 22.
Jullien, Bac et Cie, taffetas, r. du Griffon, 5.
Jurien fils, Domenjon et Terra, châles, r. St-Polycarpe, 9.
Kuister-Margaron, pour modes, gazes et fournitures pour chapellerie, r. du Garet, 4.
Kuppenheim (M.) foulards, r. Impériale, 5.
Labaume frères, taffetas noirs, r. des Capucins, 24.
Laboré (C.), unies et façonnées, r. Puits-Gaillot, 33.
Lachard et Besson, châles et robes nouveautés, r. Puits-Gaillot, 31.
Lacombe (E.) et Piotet, taffetas noirs, g. r. des Feuillants, 4.

Lacroix-Martin (J.) unies, r. Désirée, 16.
Lafont (E.) et Cie, unies, façonnées et armures, gr. r. des Feuillants, 8.
Laguaite et David, nouveautés p. modes, pl. Tholozan, 27.
Lamy (Ant.) et Aug. Giraud, succes. de M. Ant. Lamy, et de MM. Le Mire père et fils, robes nouveautés, ameublements et ornements d'église, q. de Retz, 3.
Landru (E.), pour parapluies et ombrelles, r. des Capucins, 15.
Laplace, pour parapluies, r. St-Polycarpe, 5.
Lardy (F.), foulards, r. Lafont, 8.
Lempereur et Despinay, florence, armures et lustrine, r. Pizay, 17.
Lotiron, velours, r. du Plâtre, 8.
Macors (E.) et Cie, unies et à dispositions, r. des Capucins, 23.
Maffei et Bouvier, foulards façonnés, pl. Croix-Pâquet, 11.
Magnillat (J.), pour parapluies, r. des Capucins, 31.
Magnin et Fayeton, unies et nouveautés, r. Puits-Gaillot, 33.
Mantoux (J.-M.) et Cie, gilets, r. du Griffon, 11.
Martin (J.-B.) ☼ et P., peluches pour la chapellerie et velours, médaille d'honneur 1855 (P. M.), Londres 1861, q. de Retz, 3 et à Paris, r. Béranger, 24 ; manufacture à Tarare et à Metz ; teinturerie à Roanne (Loire).
Martin (P.), pour parapluies, r. des Capucins, 20.
Martin et Dolbeau, façonnées et châles soie, r. Pizay, 5.
Mathon (A.), pour modes et chapellerie, r. de la Bourse, 33.
Mathevon et Bouvard, ameublements, pl. Tholozan, 26.
Mauvernay et Dubost, unies, pl. Tholozan, 21.
Menet (H.), pl. Tholozan, 20.
Mermet et Mouly, satin et taffetas, r. Puits-Gaillot, 2.
Meurer (Ch.) et J. Roche, foulards, pl. Tholozan, 18.
Meyran aîné et Cie, foulards, r. Puits-Gaillot, 11.
Michel frères, unies, r. Royale, 27.
Michel (J. et P.), foulards, pl. Tholozan, 21.
Micol et Triquet, fabr. de velours unis, en haut de la rue du Griffon, 4.
Million (J.-P.) et Servier, unies et taffetas, q. St-Clair, 12.
Million (A.) et Cie, ameublements, avenue de Noailles, 44.
Millioz (J.) et Picollet, châles, pl. Croix-Pâquet, 5.
Misset, pour chapellerie, r. du Palais-Grillet, 12.

Mollard et Michoud, unies, gr. r. des Feuillants, 1.
Monnet (A.) père et fils aîné, unies, r. Coustou, 6.
Monnet aîné et Odin, soieries unies couleurs, taffetas quadrillés et lustrines, r. Puits-Gaillot, 17.
Montessuy (A.) ❋ et A. Chomer, fabr. de crêpes, pl. de la Comédie, 25.
Morel-Patel (Vve) et fils, unies noires, r. Impériale, 1.
Morel et Cie, ornements d'église et ameublements, r. de l'Impératrice, 9.
Morier Grosset et Cie, velours unis, r. Lafont, 20.
Morin et Bost aîné, pour meubles, r. Désirée, 14.
Mortier-Mazet, noirs, r. de l'Impératrice, 42.
Mousset (L.), velours unis, r. Pizay, 14.
Moyet et Chaboud, armures, pl. Croix-Pâquet, 11.
Mulet et Cie, velours unis, r. du Griffon, 9.
Neyret et Briffaud, gilets, r. Romarin, 1.
Neyret, Seigle et Cie, velours unis, r. de l'Arbre-Sec, 26.
Nouveau, ornements d'église, r. St-Polycarpe, 14.
Nouvellet frères, unies et nouveautés, pl. Tholozan, 20.
Ogier frères, unies et armures, r. Romarin, 1.
Pansut (L.), pour ornements d'église, r. des Capucins, 13.
Parenthou (F.), nouveautés, velours, r. Romarin, 10.
Pascal et Tabard, unies, r. du Garet, 3.
Patin aîné et Cie, pour parapluies, r. des Capucins, 22.
Paule et Coudurier, étoffes pour modes, r. Royale, 29.
Pealat (L.), nouveautés, pl. Tholozan, 25.
Peillot et Cie, velours, r. Puits-Gaillot, 4.
Penet aîné, pour parapluies, r. St-Polycarpe, 14.
Perrat (J.), pour parapluies et cravates, r. du Griffon, 11.
Perret (A.) et Peysson, unies, pl. Croix-Pâquet, 3.
Perret, Fabre et Cie, unies, r. Puits-Gaillot, 4.
Perrin et Revol-Sandoz, foulards, châles, r. Désirée, 14.
Perriolat (S.) fils et Dumoulin, unies, r. du Griffon, 15.
Perrod et Sarra-Gallet, unies, pl. Tholozan, 27.
Philippon (J.), Blanc et Cie, unies et façonnées, r. Pizay, 16.
Piaget et Roux, unies et nouveautés, pl. Croix-Pâquet, 11.
Picard (C.) et Rocher, taffetas, r. St-Polycarpe, 8.
Pierron et Roche, foulards, r. du Griffon, 17.
Pierry (L.), cravates et velours, r. des Capucins, 26.
Placet (E.) et Cie, châles, r. Impériale, 6.
Pollard et Viennois, noirs et armures, r. du Griffon, 12.

Poncet, Lenoir et Cie, unies, pl. Tholozan, 26.
Poncet, Papillon et Girodon, art. du Levant, q. de Retz, 2.
Ponson ❋ (C.), étoffes unies et nouv., r. Victor-Arnaud, 21.
Pradel père et fils, foulards, r. Romarin, 8.
Pradel cadet et fils, r. Ste-Marie, 5.
Pradère frères, foulards, couvertures soie, c. de Brosses, 15.
Pradère (B.), foulards et couvertures, r. de l'Arbre-Sec, 40.
Pramondon, Veyret et Coront, ameublements, tentures, étoffes, q. St-Clair, 11.
Pravaz (J.), crêpes, r. St-Polycarpe, 16.
Pravaz et Cie, r. Lafont, 16.
Pugins frères, gilets et cravates, r. de l'Arbre-Sec, 11.
Rave (A.) aîné, pour parapluies, r. du Griffon, 2.
Rave (C.-E.), pour parapluies, pl. Croix-Pâquet, 3.
Ray jeune et Cie, foulards imprimés, pl. Croix-Pâquet, 2.
Rayre, Louvier, Verset et Cie, taffetas, r. Lafont, 2.
Régné, pour parapluies, r. des Capucins, 29.
Renaudin (F.), pour parapluies, r. St-Polycarpe, 10.
Revay cousins, taffetas noirs, r. des Capucins, 29.
Reynier et Bosson, châles, grenadines et fichus, r. du Griffon, 12.
Ribolet et Cie, velours façonnés, r. Victor-Arnaud, 21.
Riboud frères, velours unis, r. des Capucins, 20.
Richard et Gelly, unies et nouveautés, r. Impériale, 3.
Richerot, Janoray et Cie, velours, pl. Croix-Pâquet, 3.
Rivière (J.-L.), velours unis, r. Romarin, 17.
Roche et Bony, ornements d'église, r. Impériale, 2.
Roche (A.) et Cie, velours unis, pl. Croix-Pâquet, 4.
Roche, Sisley et Cie, nouveautés, gr. r. des Feuillants, 6.
Ronze et Vachon, unies, façonnées et velours, gr. r. des Feuillants, 6.
Roset (A.), Coleuille et Cie, unies et façonnées, pl. Tholozan, 18.
Rosset et Rendu, robes et châles, r. du Griffon, 9.
Rougier, Michallon et Crozet aîné, unies, r. du Griffon, 8.
Rousset (L.), velours unis, r. des Capucins, 9.
Rouveure et Musy, velours unis, gr. r. des Feuillants, 1.
Roux, Chambon et Cie, châles, soie, r. Puits-Gaillot, 27.
Roux (J.), manufacture de foulards, r. Puits-Gaillot, 21.
Roybet et Naquin, châles et foulards, pet. r. des Feuillants, 9.

Ruby et Cie, foulards, gr. r. des Feuillants, 4.
Rulliat, velours, r. du Griffon, 2.
Salomon (J.), gazes or et argent, r. Pizay, 5.
Sauvage (R.) et Camel frères, unies, pl. Tholozan, 20.
Savoye ❋, Ravier et Chanu, unies et façonnées, pl. Tholozan, 22.
Schulz ❋ et Beraud, velours et châles, r. du Griffon, 8 et 10.
Seguy, pour parapluies, r. des Capucins, 20.
Servant (G.) gilets et nouveautés, r. des Capucins, 23.
Seux-Mathevon, velours, taffetas p. église, r. Romarin, 10.
Sève et Cie, velours unis et couleurs, r. Impériale, 4.
Sevène, Barral et Cie, unies et façonnées, r. Impériale, 1.
Seyssel (C.), r. Romarin, 13.
Sibert et Delafond, velours façonnés, r. Pizay, 11.
Soiderquelk (F.-O.), pour église et ameublements, r. d'Algérie, 2.
Solichon (A.), étoffes brochées et unies pour ornements d'église, ameublements et articles du Levant, r. de l'Arbre-Sec, 16.
Suchard, pour parapluies, r. des Capucins, 23.
Tabard (G.-F.) et Cie, unies et velours, r. St-Polycarpe, 10.
Tapissier fils et Debry, taffetas noirs et nouveautés, pl. Tholozan, 26.
Teillard ❋ (C.-M.), unies, noirs et couleurs, r. Royale, 29.
Thevenet et Roux, robes, châles, r. Lafont, 16.
Thévenet-Monet (A.), taffetas et armures, r. Romarin, 14.
Thévenet fils et Brirot, unies et façonnées, r. du Griffon, 14.
Thévenin (F.), foulards, r. Lafont, 6.
Tholon et Vernon, pour parapluies, r. St-Polycarpe, 8.
Thibaud et Monnet jeune, unies, r. du Griffon, 10.
Tournu (A.) et Cie, unies, pl. Croix-Pâquet, 5.
Trapadoux (A.) et Cie, foulards impr., r. Puits-Gaillot, 29.
Trayvoux, Lesne et Cie, nouveautés, r. des Capucins, 20.
Trévoux frères, nouveautés, r. de l'Impératrice, 34.
Turge (P.), G. de Berlhe et Cie, unies et façonnées, r. des Capucins, 31.
Valansot et Geoffray, q. de Retz, 7.
Valansot aîné et Lafond, façonnées, pl. Tholozan, 21.
Valliend (A.), velours et nouveautés, pl. Croix-Pâquet, 1.
Vanel (L.) et Cie, pour ornements d'église et broderies en tous genres, r. St-Polycarpe, 10.

Vermorel, Fayolle, Maurel et Cie, unies, gr. r. des Feuillants, 10.
Vert (G.), unies et façonnées, pl. Croix-Pâquet, 5.
Verzier (H.) et Cie, unies et façonnées, r. Pizay, 22.
Vial et Drogue, popelines, petite r. des Feuillants, 9.
Villard et Cie, velours et taffetas, q. St-Clair, 16.
Villy (A.) et Cie, foulards écrus, tenture pour ameublements, teinture pour chapellerie, r. du Griffon, 1.
Vincent et Cie, pour parapluies, r. du Griffon, 9.
Vivier et Truchot, gilets et nouveautés, r. du Garet, 3.
Vulpilliat, pour fleurs et chapellerie, r. Mulet, 12.
Willemoz et Morel, parapluies, r. St-Polycarpe, 10.
Yemeniz ✱, brochées d'or et ameublements, r. Royale, 6.

Châles, laines et cachemires (fab. de)

Bellon (F.), r. Puits-Gaillot, 27.
Bonnardel et Naville fils, r. du Griffon, 3.
Bouteille (C.), r. de l'Impératrice, 3.
Chanel (J.), fabrique de châles cachemires, indous et nouveautés, pl. Croix-Pâquet, 11; Paris, r. Neuve-St-Eustache, 10.
Damiron et Cie, châles nouveautés, r. des Capucins, 6.
Dumet, Domeneck et Cie, pl. Croix-Pâquet, 2.
Jaubert et Charpenel, r. des Capucins, 12.
Mantelier (P.) et Cie, r. Victor-Arnaud, 21.
Perraud Guignard oncle et neveu, r. de l'Impératrice, 9.
Pin et Cie, ancienne maison Grillet aîné et Pin, r. de l'Impératrice, 1.
Rebeyre et Cie, r. de la Vieille-Monnaie, 43.
Rivoiron (E.), laine et cachemire, pl. Croix-Pâquet, 1.
Vacheresse et Gilbert, r. des Capucins, 29.

Commissionnaires en soieries.

Abel, Soubranche et Cie, r. Lanterne, 1.
Albert Lyon et Cie, fabricants, r. du Griffon, 1.
Anrès (A.-H.), r. Impériale, 1; maison à St-Etienne, r. du Palais-de-Justice, 10.
Anspach (E.), r. Désirée, 9; maison à Paris.
Appold Schulthess et Cie, q. de Retz, 1, maisons à St-Etienne, Grenoble et New-York.
Arlès-Dufour C. ✱ et Cie, pl. Tholozan, 19; maisons à Paris, r. du Conservatoire, 11; à St-Etienne, Marseille, Grenoble et Zurich.
Auffm-Ordt (C.-A), Sturmer et Cie, représ. par Bruyas, r. Puits-Gaillot, 5; maisons à Paris, à New-York et St-Etienne.
Bacouel et Pognon, pl. Croix-Pâquet, 2; maison à Paris.
Barban et Masson, r. Mercière, 26.
Bardey (F.), r. Romarin, 20.
Bassaget (A.) et Cie, r. Coustou, 4; maison à Paris.
Basset, r. des Capucins, 21.
Beaucaire (S.) aîné, achats à commission, r. Victor-Arnaud, 9, et r. de Berry, 2.
Beisson (E.), r. des Capucins, 6; maison à Paris.
Belfond, r. de la Bourse, 41.
Bellemin (E.), r. Désirée, 9.
Belz et Siefert, r. Puits-Gaillot, 5.
Benazech, représenté par Becus (C.), r. Romarin, 33.
Bernelin (J.), r. Désirée, 4.
Bié père et fils, q. de Retz. 1.
Berteaux, Radou et Cie, pl. Tholozan, 18; maison à Paris.
Binoud et Viollet, pl. Tholozan, 21; maison à Paris.
Bloch et Poncet, r. Royale, 13.
Boettinger (T.), q. St-Clair, 7.
Boggio (P.) et Garand, r. de l'Impératrice, 36.
Boisbluche et Péronne, r. des Capucins, 15.
Bouffard, Ferrier et Cie, de Paris, r. Puits-Gaillot, 5.
Bougleux (A.) et Cie, pl. de la Bourse, 2; maison à Paris.
Bouillier, Gaillard et Cie, r. Impériale, 12.

Bouillod, Seure et Granjon, r. Bât-d'Argent, 1.
Bourdelin et Laborde, q. St-Clair, 12.
Boyd (J.-V.-C.) et Cie, q. St-Clair, 10; maison à Londres.
Bradbury, r. Victor-Arnaud, 5; maison à Londres.
Brochot et Lavesvre, pl. St-Clair, 2; maison à Paris.
Brolemann et Cie, r. Impériale, 4; maison à Londres.
Brun (J.), r. des Augustins, 1.
Brunswick (Samuel) et Cie, r. du Plâtre, 4.
Candy (C.) et Cie, r. d'Algérie, 18.
Carpentier, Lengronne et Brun, q. St-Clair, 1.
Carrand (E.), r. St-Pierre, 25.
Cerf (L.), r. de l'Impératrice, 42.
Chambre et Billon, r. de la Bourse, 43 et 45.
Chandler (Richard), q. St-Clair, 2; maison à Paris.
Claudé-Chaninel, r. de l'Impératrice, 35.
Charrin et Cie, r. Centrale, 11; maison à Alexandrie.
Charpine (P.) frères, r. Royale, 13; maison à Vienne.
Chartier (Ch.) et Cie, r. Royale, 14; maison à Paris.
Chastel, Valioud et Cie, q. St-Clair, 8.
Chauchard-Hériot et Cie, r. Victor-Arnaud, 13.
Chicotot (A.), pl. Sathonay, 5.
Christ, Jay et Cie, de New-York, r. Impériale, 3.
Clavé, Claudé, Fabra et Guix, q. St-Clair, 3, m. à Paris.
Clerc (J.) et L. Trayvous, pl. Tholozan, 27; m. à Paris.
Clergué (G.), achat à la commission, r. Lafont, 2.
Collin, pl. Tholozan, 27; maison à Paris.
Cook Son et Ce, à Londres, représenté par Robert Probach, q. St-Clair, 3.
Creton et Cie, q. de Retz, 4; maison à Paris.
Crozet (N.) et V. Battur, r. du Plâtre, 4.
Curtis (L. et B.) et Cie, r. Impériale, 7.
Dambmann (C.-F.) et Cie, r. Lafont, 24; et à New-York.
Defrasse et Dehesdin, r. Désirée, 2; maison à Paris.
Delaflèchère jeune, r. Bât-d'Argent, 11.
Delarue (D.), success. de l'ancienne maison Jouve frères, soieries et dorures pour ornements d'église, ameublements, r. de l'Arbre-Sec, 3; maison à Bruxelles, r. Galilée, 15, boulevard de l'Observatoire.
Delestang (F.), r. Désirée, 2.
Delorière (A.), r. Royale, 4.
Dequinsieux (A.), r. Royale, 8.

Deschamps, Torre et Blanc, r. Royale, 13.
Deyme (V.), q. St-Clair, 12; maison à Paris.
Dietz (Ch.), r. Victor-Arnaud, 21.
Dombre, Cheysson et Nos, q. St-Clair, 17; et à Paris.
Dormeuil frères, r. Romarin, 1; maison à Paris.
Dreyfus et Zivy, r. Puits-Gaillot, 15.
Ducellier jeune, r. Impériale, 11; maison à Paris.
Dufournet frères, Charlat représentant, r. Romarin, 1.
Duncan, de Plument et Pioton, r. de la Bourse, 14.
Durieux (A.), r. de l'Arbre-Sec, 3.
Ellis-Howell et Cie, q. St-Clair, 1; maison à Londres.
Espagnac et Deleuze, r. Romarin, 33; maison à Nîmes.
Falaise et C. Patel, r. St-Polycarpe, 8.
Fantin, Thirion et Daydou, r. de l'Impératrice, 5.
Farcy, Bachelier et Cie, r. Puits-Gaillot, 2; mais. à Paris.
Ferlay et Giraud, r. Impériale, 6.
Félix frères, de Leipsik, r. Impériale, 2.
Félix (A.) père et fils, r. Constantine, 9.
Figli Di Giulio, Fortis et Bressi, r. Royale, 23; à Milan.
Fougasse ✻ aîné et Cie, r. d'Algérie, 21; et à Paris.
Franc et Benoit, q. St-Clair, 12; maison à Paris.
Picard, pl. des Terreaux, 1.
Gagnet et Cie, r. Victor-Arnaud, 11; et à Paris.
Gaisman (H.), q. St-Clair, 4; maison à Londres.
Gancel (E.), r. Impériale, 11.
Ganeval et Cie, r. des Capucins, 6.
Garcia Carmona (M.), q. de Retz, 9.
Gesell (G.), r. Impériale, 17.
Gewiner-Ribollet et Geissler, r. de la Bourse, 8.
Gignoux (C.) et Cie, march. de soies, r. du Garet, 3.
Gireaux jeune et Cie, r. des Capucins, 20.
Girerd et Dalmazane, r. du Griffon, 13; et à Paris.
Goubillon (A.) et fils, r. d'Algérie, 21.
Glairon, représentant, r. Terme, 4.
Graetzer et Hermann, q. St-Clair, 3; maison à Paris.
Graffeuil (J.), r. de la Bourse, 37; maison à Paris.
Grove, q. St-Clair, 8.
Gulliet (J.), r. des Capucins, 19.
Hardt et Cie, de New-York, q. St-Clair, 3; Berlin, représenté par Rob. Probach.

Hecth, Lilienthal et Cie, r. du Garet, 3.
Henneguy et Bissuel, q. de Retz, 8.
Herbez et Bouché, q. St-Clair, 13; maison à Paris.
Hervieux, Potard et Dehu, r. Puits-Gaillot, 25.
Hess (J.) et Cie, r. Pizay, 12.
Hieropoulo (N.-K.), r. Royale, 15; maison à Paris.
Hogard et Cie, q. de Retz, 4; maison à Paris.
Hopper (G.), Carroz, Tabourier et Cie, r. des Capucins, 16.
Hoschède, Blémont et Cie, r. Victor-Arnaud, 13; et à Paris.
Imbert et Cie, r. de l'Impératrice, 52.
Immerwahr (L.), r. des Capucins, 16; maison à Leipsick.
Kessler (F.), Mombrun et Cie, pl. Tholozan, 24.
Kloch et C. Servoz, r. Mulet, 18.
Kolp et Sinner, pl. des Pénitents-de-la-Croix, 3.
Kutter Luckemeyer et Cie, r. de la Bourse, 45.
Lallemand (A.), q. St-Clair, 9.
Landron-Franclet, q. St-Clair, 4; maison à Paris.
Lebrun (G.), r d'Algérie, 21; maison à Paris.
Langlois (A.), pl. Croix-Pâquet, 11; maison à Paris.
Laverrière (V.) et Cie, r. de la Bourse, 45.
Levi (E.) et fils, r. Puits-Gaillot, 15.
Louvet (E.) et Cie, q. de Retz, 8; maison à Paris.
Londe Baillie, Languillet et Cie, q. Castellane, 1; et à Paris, pl. des Victoires, 3.
Mac-Intyre, Buchanan et Cie, de Londres, q. St-Clair, 2.
Macé (S.) et Cie, pl. Sathonay, 6.
Marcilhacy, Arbelot et Cie, r. de Berry, 2; maison à Paris.
Malherbes, r. Lafont, 2; maison à Paris.
Marix-Picard frères, fab. de cols-cravates, r. P.-Gaillot, 9.
Martini (Ph.), q. St-Clair, 7.
Marthoud et Barcet, r. des Capucins 25.
Martin Hübsch et Cie, r. de la Bourse, 8.
Maurer (R.), r. de l'Arbre-Sec, 18.
Mas (L.) et Cie, pl. Tholozan, 22; et à Paris.
Mathieu (J.), et soie, pl. Croix-Pâquet, 5.
Mayet, Paturle, pl. des Cordeliers, 5; maison à Paris.
Mayor, Henking et Cie, q. de Retz, 23.
Mayrargues (H.-A.) frères, r. de l'Arbre-Sec, 40.
Mazard-Clavel, Cruz et Marqueze, r. Puits-Gaillot, 5.
Meyer, Jacob Abr. et Cie, r. de l'Arbre-Sec, 3.
Mill (L.) et Deroy, r. Lafont, 24; maison à Paris.

Milsom, Poy et Ch. Berry, pl. Tholozan, 19.
Moly (L.), r. Pizay, 9.
Monnin (J.), r. Lafont, 16.
Monestier aîné et Cie, r. Impériale, 2.
Montessuit (P.) et Cie, q. St-Clair, 16.
Morand oncle et neveu, r. Romarin, 1; et à Paris.
Moret et Payen, gr. r. des Feuillants, 1; et à Paris.
Morra (J.), r. des Capucins, 21, représentant.
Mondon (P.) et Cie, r. de l'Arbre-Sec, 26.
Munch et Cie, r. Mulet, 12.
Muron (C.) et Bunel, pl. Tholozan, 27; et à Paris.
Neu et Voisin, r. Impériale, 17.
Neuville, Mas et Saunois, et Cie, r. Impériale, 4; et à Paris.
Nicolas (F.), r. des Capucins, 15; représentant de la mais. Boisbluche.
Ohrtmann (L.) et Cie, r. des Capucins, 22; Bordeaux, représentant.
Ollat (T.), r. Romarin, 16.
Ott, q. de Retz, 6; maison à Paris.
Oudard, Girard, Courboules et Cie, pl. Croix-Pâquet, 5; mais. à Paris, r. Notre-Dame-des-Victoires, 26.
Palluis (A.) fils, r. de la Bourse, 33.
Paradis (J.) et Cie, vente et achats, r. Vieille-Monnaie, 33.
Patel et Cie, r. Vieille-Monnaie, 17.
Patricot cousins et Lecoultre, r. Lafont, 6.
Pawson (J.-F.) et Cie, de Londres, q. St-Clair, 10.
Payen (L.) et Cie, petite r. des Feuillants, 5.
Pelissier, Pascal et Cie, q. de Retz, 3.
Perdrix (E. et J.) frères, r. Impériale, 4.
Personnaz, Lamaignière et Gardin, q. St-Clair, 11.
Petit (L.), r. Victor-Arnaud, 13.
Picard (I.), r. Lafont, 18.
Picard (G.) et Cie, r. Royale, 14.
Pidard (A.), r. des Capucins, 5; et à Paris.
Pouquet et Sourribes, r. Victor-Arnaud, 19.
Pradère (V.-B.), r. de l'Arbre-Sec, 40.
Prevost (A.) et Cie, et rubans, r. de l'Impératrice, 45.
Prègre aîné et Cie, pl. des Terreaux, 6.
Propach (Robert), q. St-Clair, 3.
Prouvier (J.) gr. r. des Feuillants, 6.
Prud'homme, r. Royale, 11; maison à Paris.

Quillon (J.), r. Royale, 8.
Ramié (A.) et Cie, r. Bât-d'Argent, 18.
Rattier père, fils et Roche, r. Puits-Gaillot, 4.
Rayneri, r. Royale, 23.
Ribaut et Roudet, r. de l'Impératrice, 38.
Rieu, r. Centrale, 20.
Robin (M.), commissionnaire en étoffes de soie, nouveautés, r. Royale, 13.
Rodier et Cie, r. de l'Arbre-Sec, 3; maison à Marseille.
Roesch (L.), r. Puits-Gaillot, 19.
Rosenthal (J. et T.) et Cie, q. St-Clair, 7.
Roux et Christin jeune, r. Puits-Gaillot, 1.
Rylands et Sons, représentant Sturges, q. St-Clair, 9.
Sabran (L.), et Greulich, q. de Retz, 6; maison à Nîmes.
Sandrier (P.), pl. St-Clair, 7.
Sauvage frères, r. Impériale, 1; maison à Paris.
Schletter (J.), r. Impériale, 9.
Schneider, Bussière et Lachard, r. Constantine, 15.
Schnégans et Peyre, r. Victor-Arnaud, 3.
Servoz frères, r. Impériale, 4.
Simon (H.), r. Romarin, 18.
Sorchan, Allien et Diggelmann, pl. Tholozan, 24; maison à New-York.
Stewart et D. Donald, à Glasgow, q. St-Clair, 3; représentant Robert Propach.
Stewart (A.-T.) et Cie, r. de la Bourse, 10; mais. à Paris.
Sturges (H.-P.), q. St-Clair, 10.
Tavernier (C.), pl. Tholozan, 20; à Paris, pl. des Victoires, 5.
Terra (J.) et Cie, r. Impériale, 15.
Thompson, Pattinson et Piper, r. Bât-d'Argent, 6; London, Bread street, 21.
Tissot aîné, représentant, r. Désirée, 1.
Tresca (L.) et Cie, r. Impériale, 3; maison à Paris.
Trévoux frères, r. de l'Impératrice, 34.
Trouillet, Bardin et Bourgeois, r. des Capucins, 22.
Vachet (A.), r. Royale, 6.
Verdun (A.), gr. r. des Feuillants, 4.
Verneaux et Cie, r. Royale, 8; maison à Paris.
Veyrier, Peuple et Cie, r. Terme, 2; maison à Paris.
Vulliermet et Cie, r. Victor-Arnaud, 7.

Warburg (R.-D.) et Cie, r. Impériale, 8.
Watkinson et Vidaud, r. Puits-Gaillot, 1.
Watts (S. et J.) et Ce, de Manchester, représentant, Robert Propach, q. St-Clair, 3.

Tulles (fab. et marchands de).

Arragon (Vve) et Limb fils aîné, r. Vieille-Monnaie, 35.
Aubert (Jh.) fils, pl. Sathonay, 4.
Aubert (J.) fils aîné, r. du Griffon, 7.
Baboin (Aimé), et nouveautés, r. Royale, 33.
Barthe et Cie, façonnés et brodés, r. St-Polycarpe, 10.
Basset et Cie, r. Puits-Gaillot, 21.
Bellet et Guillot, dentelles et broderies, r. Royale, 20.
Berliet et Cie, fab. de tulles et dentelles, r. Impériale, 5.
Berthaud (J.-F.), r. Vieille-Monnaie, 35.
Berthet (Mme), tulles unis, r. St-Polycarpe, 12.
Berthier jeune, r. St-Polycarpe, 16.
Bongiraud (V.), voilettes, r. Neuve, 26.
Boucharlat jeune, brodés et façonnés, r. des Capucins, 18.
Brès (F.) et Cie, r. des Capucins, 25.
Bruchon et Jacquin, façonnés et dentelles, r. Mulet, 18.
Burnier (A.), et dentelles, r. Royale, 19.
Cabias, Truchon et Humbert, unis soie, r. Pizay, 9.
Champagne (A.), r. Royale, 21.
Champailler (Alfred), fab. de dentelles, r. duGriffon, 9.
Chapeaux, voilettes, r. Royale, 18.
Chatagnier (J.) et Cie, r. Gentil, 12.
Clerc (L.-A.), tulles damassés et broderies, r. Royale, 21.
Cochet (Michel) et Cie, tulles de soie, pl. de la Comédie, 25.
Cropper (John), de Nottingham, constructeur d'intérieur de métiers tulle, représenté par S. Royané, r. de l'Impératrice, 7.
Desportes, r. Victor-Arnaud, 21.
Dethel (Vve), et dentelles, r. Royale, 19.
Devaux et Cie, pl. de la Comédie, 23.
Dognin ❋ et Cie, r. Puits-Gaillot, 1; à Paris, r. du Sentier, 37; et à Londres.
Dolfus-Moussy et fils, façonnés et dentelles, r. Lafont, 10.
Dubrœucq, r. Romarin, 31.

Durand et Masson, façonnés, r. Pizay, 6.
Dutroncy (E.), conf., r. de l'Impératrice, 68.
Farabel (H.), soie, unis, r. de l'Impératrice, 3.
Gallice (C.), r. Bât-d'Argent, 10.
Garnier (J.) et Cie, unis et fantaisie, r. Impériale, 6.
Garnier (P.) et fils, dentelles, r. Pizay, 7.
Geay (P.) et Cie, fabr. de tulle-dentelle, r. Lafont, 22.
Gonnard et Moine, soie, unis, pl. Croix-Pâquet, 8.
Gourgaud (J.) et Cie, brodés et façonnés, r. Royale, 18.
Hervilly et Cie, r. Bât-d'Argent, 10; maison à St-Quentin.
Hobitz frères, malines et zéphirs, r. des Capucins, 26.
Idril (L.), et dentelles, q. St-Clair, 13.
Jacquet (H.), soie, unis, zéphirs, r. Impériale, 7.
Jalla (J.) et Cie, r. des Capucins, 13; m. à Paris.
Juvenet (H.), r. des Capucins, 24.
Lavergne, Quinqueton et Cie, q. St-Clair, 16.
Lelarge (Mmes), fab. de tulles soie, r. Terme, 14.
Liénard et Grataloup, art. de St-Quentin, r. Gentil, 11.
Magnin (J.), nouveautés, r. de l'Impératrice, 15.
Manigot et Cie, brodés et damassés, pl. St-Clair, 2.
Marion frères, bobins unis, pl. Tholozan, 26.
Péju (C.), tulles soie, r. de la Bourse, 33.
Pichoz (F.), r. St-Pierre, 4; maison à Marseille.
Pulliat (J.), façonnés et dentelles, r. Impériale, 5.
Raffard (E.), et dentelles, breveté, r. Désirée, 2.
Revol fils aîné, Bossu et Cie, soie, unis, r. Impériale, 5.
Richard et Cie, bandes et grenadine, r. Impériale, 3.
Roque (C.) et Cie, gr. r. des Feuillants, 8.
Royané (S.), spécialité de guipures et dentelles, tulles, broderies, rideaux en tous genres; articles riches pour corbeilles de mariages et pour trousseaux, r. de l'Impératrice, 7.
Strauss (M.), fabrique de voilettes fantaisies et deuil, art. de haute nouveauté; dépôt de gaze Dona-Maria, commission et exportation, r. des Capucins, 15.
Touchebœuf (A.), tulles de Lyon, q. de Retz, 9.
Vial (M.), r. de l'Impératrice, 33.
Vial et Jeullien, soie, unis, r. Puits-Gaillot, 29.
Vidalin (Vve) aîné, damassés, r. du Garet, 6.
Vignon, Jarrosson et Cie, nouveautés, r. de l'Impératrice, 1.
Wilson, tulle soie, r. Puits-Gaillot, 23.

DEUXIÈME PARTIE

comprenant

LES INDUSTRIES QUI SE RATTACHENT A LA FABRIQUE.

(PAR ORDRE ALPHABÉTIQUE)

Apprêteurs, moireurs et cylindreurs d'étoffes.

Allard, apprêteur, r. des Capucins, 12.
Achirel-Prat, apprêteur, r. Vieille-Monnaie, 17.
Berthet (L.), crêpes, q. Castellane, 9.
Bigeay, Deley et Cie, pl. des Pénitents-de-la-Croix, 6.
Blein (J.-M.), retordeur de fils coton, r. Servient, 70.
Bon (J.-B.), moireur, aven. de Noailles, 11.
Bonnard (B.), r. du Commerce, 34.
Bonnet (H.), r. Tronchet, 2.
Borget (L.), r. Duquesne, 29.
Bouvier, Dupuis et Cie, av. de Noailles, 11.
Brossard fils, apprêteur de châles, r. de Sèze, 19.
Bourgaillat (J.), r. du Commerce, 18.
Cariot et Futin, apprêteur de satin, r. Victor-Arnaud, 1.
Carriot, r. Pouteau, 19.
Cayère et Pochon, apprêteurs, c. d'Herbouville, 71 ; magasin et entrepôt, q. St-Clair, 3.

Chabot (A.) et Cie, moireur, r. Vieille-Monnaie, 41.
Charbotel (B.), r. Terraille, 3.
Charvet, r. des Capucins, 6.
Dalaison (C.), friseur, r. du Griffon, 13.
Dalmont, apprêteur, petite r. des Feuillants, 6.
Dessales, pl. du Consulat, 7.
Dumollard, r. Duquesne, angle de la rue Vendôme.
Duport (Vve) et fils, de tissus de laine, r. Rabelais, 5.
Durand et Lapierre, apprêt., r. du Commerce, 36.
Faure (G.), côte St-Sébastien, 22.
Ferrand (Jh.), apprêteur en tous genres, moire antique, meubles, ornements d'église, art. du Levant et nouveautés, petite r. des Feuillants, 4.
Gaillard et Barillot, cylindreurs, r. Royale, 20.
Gally, r. du Commerce, 41.
Gantillon (D.), ✻ apprêteur de foulards imprimés anglais et français, moire antique par des procédés brevetés à pression hydraulique équilibrée, mention honorable pour les apprêts à l'exposition de 1855, médaille de 2e classe de l'Académie normale pour ses diverses machines brevetées, médaille à l'exposition de Londres 1862, q. d'Albret, 15 et angle de la rue Malesherbes.
Garambois et Bertrand, apprêt. de crêpes, r. de Créqui, 71.
Garde (J.) et Cie, pl. Tholozan, 21.
Garnier, apprêt. pour nouveautés, r. Charlemagne, 56.
Gauthier (J.), r. du Commerce, 41.
Gerin, Pegoud et Charpy, ap. de châles, pl. Louis XVI, 8.
Geynet et Fayard, r. Coysevox, 2.
Guillermet (A.), apprêt. teinturier, r. de Vauban, 6.
Grésillon, apprêt., r. de Thou, 2.
Guillon (Vve) et Barbier, cylindreurs, passage des Feuillants, 1.
Jarrier, r. du Garet, 6.
Larrivé, Jaboulay et Declérieux, r. Coysevox, 2.
Luc, r. du Commerce, 14.
Marchand (J.-R.), petite r. des Feuillants, 2.
Margand et Guinand, apprêt., r. Ste-Marie, 3.
Mignet-Sage, r. Tables-Claudiennes, 21.
Mille frères, crêpes, c. d'Herbouville, 2.
Mochet (Mme), r. du Jardin-des-Plantes, 7.
Moiroud, r. Montbernard, 24.

Mollard, r. Imbert-Colomès, 25.
Moraut, calandreur en doublures, cotons, r. des Culattes, 21.
Moreau, apprêteur, r. Vieille-Monnaie, 39.
Orceaux (J.-P.), apprêt., r. Victor-Arnaud, 19.
Perrier (M.), moireur, r. Vieille-Monnaie, 35.
Perier-Desflaches, moireur, pl. St-Clair, 9.
velours, galons, armures pour cols et ornements d'église, moire pour robes et gilets en tous genres, r. Vieille-Monnaie, 35. (Plantin et Faisant)
Porcher, imp. St-Polycarpe, 8.
Poulat et Mollard, imp. St-Polycarpe, 6.
Privat (A.), r. Bât-d'Argent, 25.
Rossillon, r. Vendôme, 11.
Ruchier (A.), r. Vieille-Monnaie, 13.
Ruel (J.), r. Bossuet, 94.
Simon, imp. St-Polycarpe, 2.
Tavernier et Favre, apprêt.-moireurs, r. St-Polycarpe, 3.
Termoz (L.) jeune, r. Vieille-Monnaie, 12.
Termoz (F.) et Clerc fils, r. Vieille-Monnaie, 16.
Tissot, Mortier et Guinet, r. des Capucins, 12.
Vanhout et Monnard, pour rubans, r. du Commerce, 18.
Vanhout et Vollat, r. Vieille-Monnaie, 19.
Vernay (C.), r. Montbernard, 29.
Vignet frères, moire et apprêt, r. Montbernard, 34.
Vincent, r. Imbert-Colomès, 26.

Apprêteurs de tulle.

Bacharach (M.), r. des Tables-Claudiennes, 14.
Bacharach aîné, q. d'Albret, 16.
Bayet, r. des Tables-Claudiennes, 19.
Bernard, r. Cuvier, 104.
Clément (J.), r. Philibert-Delorme, 2.
Dangon, r. de Créqui, 16.
Dervaux (Vve), r. Tronchet, 45.
Escoffier, pl. St-Pothin, 11.

Gay cadet, ch. de Baraban.
Gay (P.), pl. des Capucins, 3.
Isaac, r. d'Algérie, 22.
Jacquet, r. St Claude, 4.
Lacourt (M.), r. Imbert-Colomès, 12.
Montant, r, des Capucins, 6.
Noyer et Moiroud, r. des Tables-Claudiennes, 20.
Odobez (L.), r. de Créqui, 33.
Philippon (J.), r. Bossuet, 94.
Penet (J.), r. des Tables-Claudiennes, 10.
Pettola, r. Imbert-Colomès, 18.
Ricannet, r. Vieille-Monnaie, 19.
Rodary, r. Masséna, 76.
Rossillon (J.), apprêt. de tulles, r. de Vendôme, 11.
Thevenin, r. Tronchet, 42.
Villeneuve (J.-J.) et Cie, apprêt. brev. s. g. d. g., pour le calandrage, assouplissage et satinage du tulle soie et coton, boulev. des Brotteaux, 10, angle de la r. de Sèze.

Balanciers pour la fabrique

Gallien (F.), petite r. des Feuilants, 1.
Hersant, successeur de l'ancienne maison Parent. Maison de confiance, la plus ancienne de la ville de Lyon, fournisseur de la condition des soies depuis sa fondation, échantilleur et peseur des matières d'or et d'argent, balancerie fine et ordinaire, bascules, romaines, balance-bascule de comptoir perfectionnée, pliage, fer à plier à l'usage de la fabrique; tous les instruments sont garantis. — Atelier et magasin, r. Luizerne, 5.

Cartons en feuilles (fab. de).

Giraud et Cie, à Villeurbane.
Girerd (J.), fabrique de carton en feuilles, cartes blanches, pour adresses, étiquettes, cartes de couleurs, cartes d'en-

voi et de fantaisie, cartons pour broderies et modes, collage à façon pour la soierie et autres, r. Ste-Catherine, 17.
Gourdiat (L.), ch. de Baraban et r. Coysevox, 3.
Labey, r. Ste-Blandine, 4.
Lager, entrepôt de cartons pour la Jacquard, r. Imbert-Colomès, 12.
Pascal frères. manuf. de cartons, q. St-Clair, 11.
Patard cadet, c. de Brosses, 50.
Patard aîné, r. Monsieur, 120.
Potalier aîné, rep. Véron frères, de St-Etienne, r. Camille-Jordan, 3.
Voisin frères et Cie, c. Bourbon, 27.
Voisin (H.), fils et Cie, g. r. des Feuillants, 4.

Cartonniers pour la fabrique.

Belingard, fab. de tuyaux en cart. fin, q. Pierre-Scize, 87.
Bernard (P.), r. des Capucins, 21.
Bêchet (L.), petite r. des Feuillants, 4.
Bédé, r. Désirée, 5.
Brocard, r. Romarin, 33.
Chenevat, fabrique de tuyaux de carton à rebords pour battants brocheur, et tuyaux ordinaires en carton fin; montée du Chemin-Neuf, 20.
Colrat (R.), r. Romarin, 13.
Debrabant, fabrique de tuyaux imperméables en papier fin verni, pour le tissage de la soierie, r. Imbert-Colomès, 37.
Doncieux, r. du Griffon, 13.
Drut (S.), pl. Tholozan, 21.
Fenouille, r. Royale, 21.
Gacon, r. Dauphine, 2.
Gourdiat (S.), gros et détail, r. Coysevox, 3.
Guttin, Dubessey et Brunet, fab. de cartonnages, emballages fins et ordinaires; cartes d'échantillons et cartons de magasin, r. Terraille, 9.
Loup, r. St-Polycarpe, 8.
Mina, r. des Capucins, 17.
Monin aîné et Cie, r. Romarin, 12.

Ravier, r. des Capucins, 7.
Richard (A.), r. des Capucins, 22.
Rivière (E.), r. Romarin, 7.
Rey, r. Désirée, 4.
Saillard, r. Centrale, 5.
Salignac, r. Puits-Gaillot, 2.
Thiéry, r. Lafont 8.
Voisin fils, petite r. des Feuillants, 2.

Dégraisseurs pour la fabrique.

Armand (Vve), r. Terraille, 7.
Barbier (Dlle), r. St-Claude, 2.
Bessenay (F.), r. Désirée, 15.
Bevoz, r. Terraille, 13.
Bouvery (J.), r. de Thou, 4.
Brosse (Dlle), r. Désirée, 9.
Bourgeon, r. des Capucins, 19.
Chavanne, r. des Augustins, 10.
Chavel (Mme), r. des Capucins, 22.
Cordier (C.), gr. r. des Feuillants, 2.
Dupuis (J.), r. du Griffon, 7.
Duplan, r. Vieille Monnaie, 23.
Fesneau, r. du Griffon, 7.
Lyon (Mme), rue du Griffon, 4.
Maltere (J.), r. Terraille, 6.
Maréchal (Dlle), r. du Griffon, 8.
Poizat (S.), pl. Croix-Pâquet, 2.
Reynard, r. Désirée, 21.
Robilloud, r. de Thou, 5.

Cabinets de dessins.

Bergeret et Imbert, nouveautés, pl. Tholozan, 21.
Bergeret, foulards, pl. de la Miséricorde, 3.
Bléchy et Genin, tulles, r. Saint-Polycarpe, 3.

Bourchanin, tulles, r. Lanterne, 1.
Bouillé et André, nouveautés, r. du Garet, 4.
Bruyère et Hebert, nouveautés, r. des Capucins, 17.
Dardel, tulle, r. du Commerce, 32.
Deschamp, tulle, r. des Capucins, 6.
Desbriat, tulle, r. des Capucins, 18.
Genin, tulle, r. Impériale, 5.
Glairon, meuble (mise en carte pour), cloître des Chartreux, 14.
Jameton, nouveautés, r. Lanterne, 2.
Lachapelle, tulles, pl. des Capucins, 3.
Leture, nouveautés, r. Romarin, 3.
Mesoniat et Beaudin, nouveautés, r. du Griffon, 8.
Mertz et Benoît, cachemires, q. d'Albret, 22.
Michalet et Bertrachon, nouveautés, r. Désirée, 1.
Moulin, nouveautés, pl. Croix-Pâquet, 5.
Moussy, meubles, r. Désirée, 14.
Palluis, meubles (mise en carte pour) r. Bellevue, 11.
Polme, nouveautés, pl. Croix-Pâquet, 11.
Raguenet, nouveautés, pl. Tholozan, 20.
Raverat (baron de) et Bine, nouveautés, r. Romarin, 8.
Rostain, nouveautés, r. Imbert-Colomès, 27.
Roux, nouveautés, meubles et tapis, r. Coisevox, 2.
Schmerber, coloriste, pl. Tholozan, 19.
Veuillet, nouveautés, r. du Commerce, 39.
Vigouroux (A.), nouv., meub. et tapis, pl. Tholozan, 18.
Villard et Cuissard, nouveautés, r. du Griffon, 14.

Dessin (fournitures de).

Dusserre, successeur de la maison Monneret et Dusserre, à la *palette-d'Or*, pl. des Terreaux, 25, et r. de l'Impératrice, 2. Dépôt général de tout ce qui concerne la peinture et le dessin; galerie de tableaux. Fabrique de papiers réglés pour les dessins d'étoffes; commerce d'estampes. — Fabrique de cadres en tous genres pour gravures et tableaux.
Meunier père et fils, r. St-Pierre, 9.

Dessinateurs en broderies.

Audran (E.), r. Centrale, 32.
Bazalgette (V.), dessins pour broderie, r. Centrale, 5.
Basset-Desgarennes, dentelles, r. St-Dominique, 13.
Bernard, r. Impériale, 30.
Bléchy, sur tulle, r. Rozier, 3.
Bouget, r. Vieille-Monnaie, 23.
Combe, c. d'Herbouville, 21.
Dally (J.-C.), à la mécanique, r. des Fargues, 2.
Drouin, r. des Marronniers, 1.
Finand-Bony, r. de la Poulaillerie, 22.
Gibaut, r. de Sully, 63.
Hirsch, r. St-Polycarpe, 14.
Lacour (Mme), r. Centrale, 39.
Lauras, dentelle, pl. Bellecour, 23.
Liobard (G.), seul successeur de J.-C. Dally, dessinateur pour la broderie; magasin du Bon-Pasteur, impression sur mousseline, tulle, soie, drap, cachemire, velours, etc. pl. Sathonay, 6.
Métroz, r. Bourbon, 8.
Moussier, pour église, r. des Remparts-d'Ainay, 10.
Nobis, sur tulle, r. Juiverie, 18.
Philibert (Mme), r. Centrale, 21.
Pompaski (C.), r. de la Bourse, 53.
Sauvayre-Marianny, r. Désirée, 7.
Seppe, r. de la Fromagerie, 3.
Storck (Mlle), r. Impériale, 5.
Vincent (Mme), r. de l'Impératrice, 104.

Droguistes pour la teinture.

Balanche jeune, teinture, r. Lanterne, 24.
Biétrix aîné et Cie, r. Lanterne, 29.
Bouillon (A.), q. St-Vincent, 58.

Buis (D.), q. de Retz, 12.
Burnicat frères, r. Lanterne, 24.
Cazeneuve, Lestra et Cie (*Au Dragon*), r. Lanterne, 26.
Cherblanc, pharmacie, épicerie, principal dépositaire de spécialité de Paris, r. Tupin, 10.
Chevalier, amidon pour apprêts de tulles et de dentelles, r. Montesquieu, 24, Marseille, 18.
Chauvet frères, q. Castellane, 29.
Comte et Marcout, pl. du Gouvernement, 5.
Couturier frères et Cie, r. Mercière, 90.
Favre et Cie, q. St-Vincent, 61.
Favier (Alex.), pour peinture et teinture, r. de la Barre, 12.
Ferrus-Bony, r. Childebert, 17.
Fuchsine (la), bureau à Rochecardon, près Lyon.
Franc (A.) et Cie, fab. de carmin, droguerie pour teinture et impression, r. Neuve, 7.
Gaudin, r. Lanterne, 6.
Girard et Cie, r. d'Algérie, 7.
Girard jeune, pl. de la Miséricorde, 2.
Gilliard (M.), q. de Retz, 6.
Goutines (F.), c. d'Herbouville, 48.
Imbert (J.) aîné, pl. de l'Ancienne-Douane, 5.
Jomain et Cie, r. Ste-Catherine, 11.
Julliand (A.), r. de Vaise, 40.
Malibran, q. de l'Hôpital, 10.
Mathieu (P.) fils aîné, r. Lanterne, 29.
Mulaton (C.) et Cie, r. Neuve, 12.
Offrant, r. des Capucins, 20.
Paccallet et Ferrand, pl. des Cordeliers, 10.
Pernel frères, q. Castellane, 31.
Pontal (P.), spécialité de colle et amidon, q. St-Vincent, 46.
Ravier-Millou, c. Morand, 31.
Renaud (J.-L.) et A. Morel, r. Lanterne, 28.
Rubsamen et Remp, q. Castellane, 6.
Sadot neveu, droguerie, r. Bonnel, 41.
Tardieu (P.), droguiste, r. de la Platière, 5.
Vayssié (L.), droguerie pour teinture et impression, r. Tronchet, 30 (Brotteaux).
Venet (P.), r. Vendôme, 94.

Musée industriel de la Martinière.

Situé rue des Augustins.

Ce Musée contient un grand nombre de modèles de machines propres à la fabrication des étoffes de soieries; on y enseigne la théorie aux élèves de l'École.

Il est ouvert au public pour le visiter les dimanches, de 11 heures à 2 heures.

Ecoles pour la fabrique.

Audibert (P.), r. Imbert-Colomès, 37.
Bezon (J.), professeur de théorie de fabrique, cabinet de consultations pour tout ce qui concerne la fabrique en général, législation industrielle, brevets d'invention, etc., r. des Capucins, 6.
Chantre, théorie et pratique, c. des Tapis, 22.
Girardy (J.), professeur de pratique et théorie pour la fabrication des tissus; tient des pensionnaires et des externes, r. Imbert-Colomès, 5.
Maïsiat (S.), r. des Capucins, 24.
Martin (C.), r. Ornano, 2, près la pl. Morel, professeur à l'école Dominicale, r. Vauban, 23 (Brotteaux).
Meyssin, professeur de fabrique, r. des Capucins, 2.
Peyot (F.), pl. Croix-Pâquet, 5.
Renard (A.), q. Pierre-Scize, 86.

Emballeurs.

Bernoud (L.), r. des Capucins, 29.
Bizet, pl. des Pénitents-de-la-Croix, 1.
Borel (J.), r. Gentil, 4.
Brun jeune, r. Ste-Catherine, 17.
Carret père et fils, r. Impériale, 10.

Carret et Forrat, r. des Capucins, 14.
Charrin, r. Royale, 19.
Charles aîné, r. Victor-Arnaud, 15.
Combet et Ravassod, pl. Tholozan, 21.
Delorme (A.), r. Royale, 16.
Deneuville et Debeau, pl. de la Comédie, 25.
Depigny et Desserey, r. Bât-d'Argent, 29.
Dubourget et Fraque, r. Royale, 17.
Tallon, q. St-Clair, 8.
Faurax (F.), r. Royale, 23.
Maître-Brun (J.), r. des Capucins, 25.
Mermod frères, r. Victor-Arnaud, 13.
Millet (A.), r. Terraille, 18.
Monnoyeur aîné, r. du Garet, 5.
Moussy et Mangier, petite r. des Feuillants, 9.
Pardon (J.) et Peillon jeune, r. de la Bourse, 8 et 10.
Peillon et Giboz, r. de l'Arbre-Sec, 12.
Peytel, petite r. des Feuillants, 5.
Pourchet et Margueron frères, r. du Garet, 9.
Raginel (F.), r. de l'Arbre-Sec, 31.
Tisseron (N.), r. Victor-Arnaud, 17.
Vincent et Malleval, r. de Thou, 5.

Epingliers.

Bal (J.-B.), r. Pouteau, 11.
Baptendier (J.-L.), r. Cuvier, 104.
Bonnefond (A.), Gr.-Côte, 40.
Braizac, r. Bodin, 20.
Bruyère (Vve), r. Vieille-Monnaie, 14.
Fournier, r. du Mail, 29.
Rossat frères, r. Imbert-Colomès, 18.
Tabourier, petite r. de Cuire, 4.
Vaginay (L.), Gr.-Côte, 21.

Fers pour velours.

Billion (B.), Gr.-Côte, 53.
Chupin (J.), r. Tables-Claudiennes, 18.
Lafoy (C.), r. des Capucins, 26.
Pelosson, r. Tables-Claudiennes, 25.
Revol (L.), pl. du Perron, 5.
Riche (L.), r. d'Austerlitz, 10.
Riondet, montée de la Boucle.
Vernet, gr. r. de Cuire, 11.

Gaufreurs.

André (Vve), r. de l'Impératrice, 45.
Chevalier père, gaufreur et découpeur en tous genres, spécialité pour garnitures de robes, gaufrage pour mode tel que crêpe, tulle, rubans, voilette, etc., pl. Impériale, 40 ; ou galerie de l'Argue, escalier L.
Grenet, pl. des Terreaux, 2.
Janicot jeune et Cie, gal. de l'Argue, escalier H.
Josserand, r. Vieille-Monnaie, 41.
Largefeuille, r. Luizerne, 5.
Martin (Mlles), r. Dubois, 25.
Pelin (Dlle), r. Palais-Grillet, 16.
Picot (B.), r. Monsieur, 11.
Torally, r. Mercière, 90.
Vallat (Mme), r. Soufflot, 3.
Violet (Mme) et Cie, broderie, couture à la machine et gaufrage en tous genres, q. de Retz, 15.
Voland frères et cousin, q. Castellane, 13.

Graveurs pour l'impression.

Bronchoud (A.), r. Voltaire, 34.

Cettier (F.), c. Lafayette, 8.
Charles (H.), av. de Saxe, 133.
Dolfus (M.), r. Royale, 2.
Finet (J.-B.), r. Vauban, 31.
Gaz, pl. des Pénitents-de-la-Croix, 6.
Gros, r. Ste-Elisabeth, 20.
Iltiss frères, r. de Sully, 81.
Kauffmann, q. d'Albret, 21.
Lamellet et Leroux, av. de Saxe, 103.
Marcoud, r. des Capucins, 6.
Perret aîné, graveur sur bois, cuivre et clichage, pl. St-Pothin, 13.
Placet, r. Masséna, 58.
Revers, r. de Sèze, 48.
Roche fils, graveur en tous genres, sur bois et métaux, r. Cuvier, 56, angle de la r. de Créqui.

Grilleurs d'étoffes.

Cot (A.), grilleur d'étoffes soie et foulards, r. Duquesne, 30.
Durand (C.), grilleur d'étoffes soie, r. de Vendôme, 89.
Durand et Gayet, r. Bugeaud, 28.
Garcin (P.), grilleur d'étoffes de soie, foulards et nouveautés, lustrage des fils fantaisie par brevet d'invention, s. g. d. g., r. Monsieur, 9.
Pollaud (C.), r. du Commerce, 24.

Guimpiers.

Astier (J.), batteur de lames, r. du Garet, 9.
Ballard, r. Dubois, 28.
Baritel, q. d'Orléans, 14.
Bosson (R.), passage Thiaffait, 4.
Bayet (C.), r. de l'Arbre-Sec, 36.
Berger (P.), r. de la Tourette, 1.
Berlier, r. Vieille-Monnaie, 19.

Berthet père, r. de Gadagne, 12.
Berthet fils, r. Tavernier, 3.
Biolety, pl. Neuve-St-Jean, 5.
Blanc, r. Tronchet, 30.
Blanquet, r. Grôlée, 41.
Blantier, r. Vieille-Monnaie, 1.
Borgat, r. St-Marcel, 8.
Bosse (A.), r. Madame, 50.
Bouillin (J.), r. Quatre-Chapeaux, 10.
Bouillin fils, pl. du Perron, 1.
Bozon (B.), r. Jean-de-Tournes, 15.
Burrat, r. du Plâtre, 6.
Ceillon, r. Godefroy, 18.
Chaboud, r. Bouteille, 13.
Chal frères, Gr.-Côte, 85.
Cornu (A.), r. des Capucins, 21.
Courtiat (F.), pl. du Perron, 1.
Damour (Vve), r. St-Marcel, 10.
Descombes, pl. Gerson, 1.
Delœuvre, meules pour guimpiers, r. Ste-Hélène, 36.
Dantron, r. de Flesselles, 19.
Desroches, r. Grôlée, 65.
Doix (J.), r. Désirée, 6.
Drevet (J.-F.), pl. de la Miséricorde, 3.
Dufour (D.), r. Tables-Claudiennes, 20.
Garçon-Sodon (J.), r. Monsieur, 50.
Gavot (P.), fab. de fils or et argent, pl. du Perron, 2.
Gavot aîné, pl. du Perron, 5.
Gavot jeune, pl. du Perron, 5.
Gerbaud, r. Grôlée, 14.
Gery, r. du Jardin-des-Plantes, 7.
Gouillon, r. Confort.
Goumy (M.), r. Palais-Grillet, 40.
Hopital (H.), r. Paradis, 1.
Isabelle (J.), r. Tables-Claudiennes, 20.
Jaudon, r. Tables-Claudiennes, 21.
Joud, r. de la Vieille, 3.
Lecorney, batteur de lames, r. de la Monnaie, 2.
Lhopital (H.) aîné, c. Vitton, 62.
Lhopital (F.), r. Confort, 7.
Marciaux (F.), c. Vitton, 19.

Marcot, q. de l'Hôpital, 7.
Mathelin (J.-B.), r. des Capucins, 9.
Messonnier (Vve), r. de la Platière, 7.
Micel, q. de l'Hôpital, 5.
Mollard, r. du Commerce, 14.
Morel, r. des Capucins, 21.
Morel, passage Thiaffait.
Morel (J.), r. Grôlée, 26.
Motta, r. Pareille, 11.
Muraour (F.), r. Terme, 16.
Orcel, batteur de lames, r. Ferrandière, 41.
Palet, r. du Jardin-des-Plantes.
Palu, r. Pizay, 5.
Paravy (P.), r. du Commerce, 22.
Perreaud, r. Bugeaud, 4.
Perrot (F.), r. Cuvier, 15.
Pitiot (B.), r. Tholozan, 19.
Pitiot (J.), r. Tables-Claudiennes, 16.
Place, r. Juiverie, 12.
Raymond, imp. des Carmélites.
Reidet (L.), r. du Commerce, 22.
Renaud (L.), batteur de lames, r. Impériale, 33.
Rivière (J.), q. de l'Archevêché, 7.
Robert (C.), r. St-Polycarpe, 16.
Saudon cadet, r. Tables-Claudiennes, 21.
Seillon (V.), r. Godefroy, 18.
Troncy, r. Victor-Arnaud, 19.
Vasserot (D.), r. Tholozan, 12.
Vasserot (J.-A.), r. du Commerce, 8.
Vigouroux, r. Neyret, 13.
Warin, r. Ferrandière, 44.

Impressions sur étoffes.

Ballard et Cambon, r. des Capucins, 23.
Bozini à Tournon (Ardèche).
Brunet (H.), Lecomte et Cie, fab. impression sur foulards, à Bourgoin (Isère).

Coste et Cie, r. Ste-Elisabeth, 218.
Durand frères, r. de l'Arbre-Sec, 19, fab. au Cheylard (Ardèche), et à Vizille (Isère).
Gandy, applications or et argent, r. Palais-Grillet, 42.
Giraud, à Pierre-Bénite (Rhône).
Guttin, frappeur sur étoffes, impressions or et argent, application en tous genres sur toutes sortes d'étoffes légères, frappage de dentelles, ch. de l'Oratoire, 6, clos Bissardon.
Hammer, à Montluel (Ain).
Jandin, gr. r. St-Clair, 90 (Caluire).
Jurien fils, Domenjon et Terra, r. St-Jérôme, 5.
Leroy, r. Bugeaud, 62.
Massard, sur bannières, r. des Deux-Cousins, 6.
Misset (L.), r. Palais-Grillet, 12.
Rigard, à Fontaines-sur-Saône (Rhône).
Revilliod et fils, à Vizille (Isère).
Roux, à Neuville (Rhône).
Samuel frères, à Neuville (Rhône).
Troeste (P.) et Cie, impression sur foulards, à Bourgoin.
Vermesse et Cie, à Pierre-Bénite (Rhône).
Vignat frères, impression sur étoffes, à Bourg-Argental (Loire), teinturier, à St-Etienne (Loire), représentés par Figurey, r. Coysevox, 1.
Wissel et Cie, à Neuville-sur-Saône (Rhône).

Niel, planches à impressions, gr. r. St-Clair, 100.
Rouchon (J.-B.), planches à impressions, r. Bugeaud, 103.

Liseurs d'étoffes.

Agnès (J.) et Suchet, r. Tables-Claudiennes, 20.
Audibert (Mme), r. Imbert-Colomès, 24.
Berthet, r. Pouteau, 13.
Bertholier (L.), r. du Commerce, 24.
Besson (J.), r. Neyret, 4.
Bondet (V.), r. Tables-Claudiennes, 33.
Bonichon (V.), r. Vieille-Monnaie, 17.

Casi (P.), enlaceur de cartons, r. Tables-Claudiennes, 31.
Chaleyssin, r. Imbert-Colomès, 18.
Chambion (A.), r. Vieille-Monnaie, 8.
Charles (J.), r. Imbert-Colomès, 25.
Condamin (J.-B.), r. Camille-Jordan, 3.
Daloz (L.), r. Vieille-Monnaie, 12.
Darphin, r. Tables-Claudiennes, 33.
Decourt, enlaceur, pl. du Perron, 2.
Dufour (J.), pl. des Bernardines, 4.
Faure, r. Camille-Jordan.
Favier, r. du Commerce, 14.
Fix (P.), r. Imbert-Colomès, 16.
Gauthier frères, r. Tables-Claudiennes, 20.
Giraud (H.), r. Pouteau, 11.
Guillet (J.), r. Bodin, 8.
Jaillet, Gr.-Côte, 59.
Jund (H.), r. Vieille-Monnaie, 19.
Labey, r. Ste-Blandine, 4.
Luquin (C.), r. du Commerce, 22.
Mairot aîné, r. Camille-Jordan, 1.
Mairot (J.), r. Tables-Claudiennes, 14.
Maurel (F.), r. Vieille-Monnaie, 6.
Meunier, r. Imbert-Colomès, 14.
Molin (Mme), r. Tables-Claudiennes, 33.
Monnier (A.), r. Vieille-Monnaie, 19.
Morel et Schorisch, pl. du Perron, 2.
Moulin, pl. du Perron, 2.
Pignon (Mme), enlac. de cartons, r. Imbert-Colomès, 14.
Poussonnel, r. Ste-Blandine, 2.
Prost (E.), r. Vieille-Monnaie, 19.
Randon (Mlle), r. Pouteau, 21.
Revel (F.), pl. du Perron, 1.
Richard, r. Tables-Claudiennes, 14.
Richard (Vve), r. Camille-Jordan, 3.
Rigolier, r. Imbert-Colomès, 18.
Rivoire, r. du Commerce, 12.
Rochat, r. Camille-Jordan, 3.
Roche, r. Imbert-Colomès, 10.
Saunie (C.), enlac. de cartons, r. Tables-Claudiennes, 21.
Timottet (J.), enlac. de cartons, r. Imbert-Colomès, 17.
Toillon, r. du Commerce, 18.

Trouillet, r. du Commerce, 22.
Vachon frères, r. Vieille-Monnaie, 23.
Vial (A.), r. du Commerce, 14.

Mécaniciens pour la fabrique.

Allard (J.), r. Imbert-Colomès, 26.
Arnal (A.), r. Ste-Blandine, 11.
Avon fils, r. Dumenge, 13.
Baraud, r. Lebrun, 6.
Barbier frères, pour apprêts, r. Montgolfier, 30.
Béchet (L.), r. Vieille-Monnaie, 19.
Benistand et Dumas, mécaniciens et fabricants de régulateurs en tous genres : taillage d'engrenages en fers, fontes, acier, cuivre et bois, pl. des Bernardines, 5.
Bellet, pour machines à coudre, r. Gasparin, 29.
Berthaud (J.) et Cie, pour moulinage, r. du Griffon, 6.
Bodon, pour le moulinage, r. Vauban, 81.
Bonnet, r. Bodin, 20.
Bordeau (A.), r. des Tables-Claudiennes, 16.
Bouillet frères, pour la chapellerie, r. d'Aguesseau, 3.
Boyer (J.), pour la Jacquard, r. du Mail, 26.
Brossier, construction sur dessins ou sur modèles de toutes les machines ou pièces détachées pour filature, fabriques ou moulinages ; roues et pignons en tous genres. Régulateurs, compteurs, croiseurs, etc. Machines et instruments de précision en général, rue de Penthièvre, 2.
Burdet, huit récompenses obtenues aux expositions. Nouveau système breveté s. g. d. g., pour régulariser la soie au moulinage ; spécialité de machines et instruments pour filature, moulinages, essai des soies, coton, or, argent, etc., r. Désirée, 17.
Burtin (F.), pour dévidage, r. des Tables-Claudiennes, 23.
Buffaud frères, pour teinturier, ch. de Baraban, 6.
Caminet (L.), pour tulles, r. Tête-d'Or, 61.
Camp, pour tulles, r. Tête-d'Or, 65.
Carlet (B.), pour engrenage, r. de la Charité, 43.
Claudy (J.), pour le moulinage, r. Cuvier, 87.

Charlaix, r. Tronchet, 45.
Coignet (ancienne maison Widmer), constructeur de machines Jacquard et battants brocheurs; métiers à la barre et pour la passementerie, r. de Sèze, 80.
Chermette-Dumas, régulateurs, r. Imbert-Colomès, 29.
Clément (A.), r. Ste-Elisabeth, 95.
Clerc (E.), horloger-mécanicien, pl. des Hospices, 1.
Cochet (F.), r. du Chariot-d'Or, 18.
Coué (L.), fab. de régulateurs, r. des Chartreux, 14.
Côte et Blanc, r. Imbert-Colomès, 24.
Courtois (F.), r. de Sèze, 49.
Combe, r. de Bonnel, 43.
Croizier-Desronzière, métier mécanique à moteur perfectionné, bâti fonte ou bois, système garanti à toute épreuve de tissage pour taffetas, gaze et armure en tous genres, prix très-modérés; fabrique de régulateurs et compensateurs en tous genres, r. Bodin, 2.
Delaville serrurier mécanicien, r. Passet, 4.
Delœuvre, outils pour ferblantiers et chaudronniers, fabrique de meules pour guimpiers et autres; fabrique d'outils, r. Ste-Hélène, 38.
Denis (A.), spécialité de canetières à dévider et à dérouler, mécaniques rondes et longues à dévider, doubloirs, moulinoirs et détrancanoirs, bobinoirs et bobines dévidant la soie, le coton, la laine, grande place de la Croix-Rousse, 26.
Desroches (Pierre), pour les laminoirs et tout ce qui concerne la guimperie, r. Grôlée, 65.
Desmard (P.), ustensiles pour la fabrication des étoffes de soie unies et façonnées, montage de métiers, gros et détail, exportation, r. d'Austerlitz, 21.
Dessachet, r. des Tables-Claudiennes, 8.
Despineto (D.), sur bois, r. de Sèze, 6.
Droz (J.), cylindres pour guimpiers et bijoutiers, r. Rabelais, 38.
Duchamp, r. Vieille-Monnaie, 30.
Duguay, r. Richan, 10.
Durand (J.), pour la fabrique, r. St-Vincent-de-Paul, 5.
Durochat (G.), r. des Tables-Claudiennes, 23.
Fargeix, fabricant de régulateurs, r. d'Ivry, 10.
Fion (V.), mécanicien pour la fabrique, éprouvettes, mou-

linages Jacquard, machines à rouler, etc., etc., pl. du Perron, 1.
Florian et Finken, pour tulliste, r. Tronchet, 79.
Forestier, fabrique pour dévider, r. Motet-de-Gérando, 12.
Gache (veuve), pour la fabrique, r. Vieille-Monnaie, 15.
Gache frères, ourdissoirs, r. Vieille-Monnaie, 29.
Gache neveu, ourdissoirs, r. Vieille-Monnaie, 23.
Gandit aîné et neveu, r. Coustou, 4.
Ganty, pour la fabrique, r. du Chariot-d'Or, 9.
Gardarin, pour le tirage des soies, q. St-Vincent, 29.
Gascuel (J.-J.), pour la fab., r. des Tables-Claudiennes, 35.
Genod, r. Vielle-Monnaie, 19.
Gerval, mécanicien, breveté s. g. d. g., dessins, plans et devis, construction de machines en tout genre, spécialité d'appareils de tissage, canetières à dévider sans doublage et sans torsion ; métiers-mécanique à une ou deux pièces à la fois; polissages pour taffetas, satin et armures; brocheurs et brodeuses de différents genres; pliages et ourdissoirs perfectionnés, etc., etc., pl. St-Laurent (Croix-Rousse).
Guérin, r. des Fantasques, 8.
Guicher (B.), machines à dévider, montée Bonafous, 10.
Guinet, breveté s. g. d. g., canetières à dérouler et à défiler, sans doublage ni torsion, bobinières pour le dévidage du fil, de la laine et du coton, trancanoirs à décroissement progressif, doublages, r. du Commerce, 1.
Henry, mach. à dévider, r. Vieille-Monnaie, 2.
Hild, pour tulles, r. Bugeaud, 32.
Hubert (A.), pour tulles, grande r. des Chapennes.
Humbert (A.), mécanicien, breveté s. g. d. g., canetières à défiler pour taffetas, laine et coton, dévidage et détrancanoirs à décroissement, canetières à dérouler et à filer, verticales, à décroissement, doublage, machines à polir les étoffes de soie, système breveté et métiers mécaniques, r. Boileau, 2.
Husson (J.), brocheur, r. du Commerce, 22.
Jeunet (J.), pour lisage, r. Tables-Claudiennes, 33.
Loubet, fabrique de canetières à défiler et de mécaniques à dévider la soie, breveté s. g. d. g., r. Imbert-Colomès, 16.
Marat (J.-B), pour la Jacquard, place des Tapis, 3.

Martin (J.), pour tulles, r. Charlemagne, 66.
Martinet (J -B.), c. Morand, 56.
Massot (C.), pour la fabrique, r. Pouteau, 8.
Michel (L.), pour la Jacquard, r. Dumont, 10.
Millet, pour tulles, r. Duquesne, 43.
Minvieille, mécanicien, spécialité de détrancanoirs et mécaniques rondes à dévider la soie, laine, fantaisie et coton; fournitures pour passementiers, r. Pouteau, 17.
Monnet (A.), pour la fabrique, r. de la Platière, 5.
Montin, pour la fabrique, r. des Capucins, 9.
Morel (J.-C.), pour la fabrique, r. Vieille-Monnaie, 13.
Mornay pour tulles, c. Vitton, angle Tête-d'Or.
Morier (J.), pour la chapellerie, cours Bayard, 20.
Nayme, r. de Sèze, 59.
Noël, spécialité de battants-brocheurs, brodeuses et canetières à défiler et dérouler, r. du Bon-Pasteur, 45.
Pallu (C.), r. de Vauban, 41.
Pichereau, pour la fabrique, r. de Créqui, 8.
Reynoard (F.), mécaniques en tous genres pour la soierie, rondes et longues à dévider, détrancanoirs, ourdissoirs et cantres à pivots; éprouvettes pour le titre des soies et balances ou pesage, compteurs d'apprêts et sérimètres, pliages en tous genres et moulin, r. Imbert-Colomès, 9.
Rougemont neveu, fabrique de mécaniques à dévider, rondes, longues et détrancanoirs, réglage à décroissements, r. du Commerce, 35.
Richard, pour apprêt, r. Cuvier, 19.
Sallier aîné, fabricant en tous genres, breveté s. g. d. g., r. Tronchet, 45.
Schaal aîné, r. Jouffroy, 7.
Schrer (J.), r. Vieille Monnaie, 19.
Schirmeyer, spécialité de Jacquard, r. du Bon-Pasteur, 4.
Stoermer (L), brocheur, r. Bellevue, 65.
Tissieux et Dumais, pour chapellerie, r. Duguesclin, 140.
Triquet frères, pour lissage, r. Imbert-Colomès, 17.
Vallette (L.), côte St-Sébastien, 14.
Vauchez, r. d'Ivry, 5.
Vial et Demure, constructeurs mécaniciens, brevetés, ateliers de forge, tours et ajustages, canetières verticales modifiées, réparations de tout système, mécaniques longues et rondes à dévider, spécialité pour tireurs d'or,

guimpiers, etc., pl. du Perron, 5, angle de la rue des Tables-Claudiennes.
Viedmann, avenue de Saxe, 88.
Vieux (F.), pour la fabrique, montée St-Sébastien, 12.
Vieux aîné, pour la fabrique, pl. du Perron, 4.
Winter (Henri), r. Vieille-Monnaie, 2.

Mouliniers et ovalistes.

Alibert (A.), r. Vendôme, 126.
Avon (F.), r. de Vaudrey, 15.
Avy (Dlle.), r. de Créqui, 7.
Baraton (Mme), r. de Vauban, 63.
Bedon (A.), r. de la Madeleine, 43.
Blein (J.-M.), pour coton, r. Servient, 70.
Blachère (J.-M.), en soie et ovaliste, r. Ste-Elisabeth, 30.
Bougnard (L.), ch. du Sacré Cœur, 62.
Bonnardel, r. Vendôme, 112.
Brunier (B.), r. Grôlée, 65.
Camarège (P.), r. Vauban, 85.
Caillat, r. Tête-d'Or, 104.
Chareyre (F.), r. Imbert-Colomès, 14, ateliers, r. Tête-d'Or, 106, et r. des Trois-Pierres, 20; autre atelier et bureaux, r. Ney, 33.
Chazalet (M.), r. Duguesclin, 210.
Chomat, r. Magneval, 15.
Christophe (V.), r. du Gazomètre, 10.
Christophe (J.), r. de Sèze, 44.
Coiraton (A.), montée des Carmélies, 10.
Coindre, r. Cuvier, 47.
Combet, c. Vitton, 14.
Combet (P.), r. d'Aguesseau, 16.
Combier (A.), r. de Sèze, 104.
Couderc (J.), ch. du Sacré-Cœur, 66.
Craponne, montée des Carmélites, 10.
Deroudille (F.), r. Vendôme, 141.
Descroix, r. de Sully, 27.
Detrie (A.), montée des Carmélites, 10.

Durand frères, r. de l'Arbre-Sec, 19.
Durand, r. Duviard, 3.
Esclosant, r. Montgolfier, 15.
Eyraud, pl. Rouville, 5.
Favrot, montée des Carmélites, 10.
Fournet (J.), montée des Carmélites, 10.
Guigon, fabricant de purgeoirs; spécialité d'articles pour moulinage, q. Castellane, 1 (Brotteaux).
Guilhon, r. Vauban, 98.
Guillermier, r. des Fantasques, 12.
Hebrard-Béranger, r. Ste-Elisabeth, 95.
Higonet (A.), r. Duquesne, 54.
Jourdan, montée Rey, 11.
Ladret, montée des Carmélites, 10.
Lacombe, r. Imbert-Colomès, 12.
Lejeune (J.), r. Duguesclin, 77.
Levrat (A.), c. Lafayette, 55.
Loubarie, r. de Vaudrey, 21.
Mallessard, pour coton, rue des Fantasques, 12.
Méaly, montée des Carmélites, 10.
Niel (Vve), en coton, c. d'Herbouville, 37.
Roux, r. de Sully, 27.
Richard et Gely, r. Magneval, 3.
Ruby, r. Bossuet, 67.
Soyet (J.), montée des Carmélites, 20.
Sollière, r. Tholozan, 19.
Suchet, r. Ste-Blandine, 7.
Terrasse (B.), r. de Flesselles, 20.
Thoron (L.), r. Jacquard, 14.
Tourasse (H.), r. Ste-Elisabeth, 36.
Viallet (E.) et Doix, r. Cuvier, 156.
Vincent, r. du Gazomètre, 23.

Navettes (fab. de).

Berthon (F.), r. Bodin, 5.
Burgoud, r. Chaumais, 2.
Comte (E.), pl. des Bernardines, 4.

Daloz (J.-M.), côte St-Sébastien, 14.
Descombes, pl. Colbert, 1.
Durand, r. Tholozan, 4.
Estienne (P.), r. Creuzet, 8.
Fayet (A.), r. d'Austerlitz, 11.
Ferlat, fab. de navettes en tous genres, tampias p. velours, Rasteaux p. pliage et piquage de rouleaux; polissoirs de cornes et d'aciers; spécialité de pointizelles pour toutes sortes de tissage, tuyaux à défilés et déroulés, vernis, côte St-Sébastien, 10.
Flachet, r. Perrod, 3.
Henjou, r. Dumont, 14.
Jamet (E.), r. du Mail, 18.
Jamet, r. Jacquard, 11.
Lacroix (Vve), pl. Kleber, 7.
Magat et Cie, montée St-Sébastien, 18
Maret (P.), r. Richan, 1.
Martignat (A.), r. Masséna, 42.
Montbillard (F.), r. de la Visitation.
Nivon, r. Imbert-Colomès, 31.
Orelle aîné, r. de Flesselles, 10.
Orelle cadet, r. Perrod, 10.
Pacut (J.), r. Cuvier, 60.
Poncet, r. de la Citadelle, 2.
Poutet (J.), Gr.-Côte, 45.
Relave, c. Vitton, 30.
Rigot (F.), r. Dumenge, 15.
Serre fils, r. du Mail, 30.
Sigaud, r. St-Georges, 94.

Peignes à tisser (fab. de).

Auzet neveu, fab. de dents de peignes à tisser, fer, acier et cuivre; fab. de paille de fer, laminage pour les métaux. Usine à vapeur, expédition, exportation, r. Montbernard, 15, angle de la r. Vendôme.
Baile fils, r. Romarin, 17.
Bal et Quidet, r. Pouteau, 11.

Bigé, r. Désirée, 10.
Boissier (C.), pl. Croix-Pâquet, 1.
Bugnet fils, r. des Capucins, 2.
Cau, r. des Capucins, 16.
Chautin (J.), r. des Capucins, 31.
Coint aîné, r. des Capucins, 22.
Dufresne, r. du Commerce, 12.
Dumas (B.), r. Romarin, 13.
Durand (A.) et Souton, r. Romarin, 18.
Garnier aîné, r. du Commerce, 41.
Gras (J.-C.), pl. de la Croix-Rousse, 19.
Gras père, r. Puits-Gaillot, 19.
Mardienne (F.), r. des Capucins, 12.
Menin, r. du Griffon, 3.
Molleron, r. de Crillon, 51.
Noël, r. Vieille-Monnaie, 21.
Perret fils, r. Romarin, 8.
Perret sœurs, r. des Capucins, 16.
Pichon, pl. Croix-Pâquet, 11.
Rivoire et Paul, montée St-Sébastien, 18.
Venet, fab. de dents de peignes, Gr.-Côte, 67.
Vion (C.), r. des Capucins, 21.

Plieurs pour la fabrique.

Achard (Vve), r. Tholozan, 8.
Amiet, pl. de la Visitation, 2.
Argentier, r. du Chariot-d'Or, 7.
Auzéby, r. de la Tour-du-Pin, 7.
Barbier, r. de l'Oratoire, 4.
Baret, r. d'Ivry, 31.
Barnaud, r. d'Austerlitz, 16.
Bavoux, r. du Mail, 32.
Berger, r. de la Citadelle, 14.
Boisson, r. Jacquard, 28.
Bonnet (F.), r. St-Vincent-de-Paul, 19.
Bonnet (M.), pl. de la Visitation, 5.
Bouchardy (A.), q. Pierre-Scize, 24
Bourgat (Mme Vve), pl. St-Georges, 3.

Brunet (P.), r. Dumenge, 15.
Buffard (Mme), cours des Tapis, 6.
Cagnion (F.), pl. Rouville, 4.
Cart (J.), r. Lemot, 1.
Cattin (J.-B.), r. Boileau, 1.
Chalon (J.), r. Dumont, 16.
Charlant, c. Vitton, 17.
Chavent (L.), Gr.-Pl., 6 (Croix-Rousse).
Chavent (S.), r. Dumont, 10.
Cognet fils, m. des Carmes-Déchaussés, 5.
Cotte, côte St-Sébastien, 11.
Cusin (P.), q. Pierre-Scize, 76.
Défanis, Gr.-Pl., 4 (Croix-Rousse).
Désauge, montée du Mont-Sauvage, 6.
Desgrange, r. Pelletier, 4.
Durand, Gr.-Pl. de la Croix-Rousse.
Fayolle, r. du Mail, 23.
Ferrand, petite r. de Cuire, 1.
Gagea (H.), r. Masséna.
Gaillard, r. Pelletier, 4.
Garçon (J.), r. Bodin, 7.
Genod (J.) père, r. Charlemagne, 67.
Gentaz (Vve), r. Bodin, 11.
Giroud (J.), r. Dumenge, 13.
Grange (G.), r. Adamoly, 2.
Graz, r. des Remparts-d'Ainay, 31.
Gros, Gr.-Côte, 41.
Guy (J.), cours d'Herbouville, 32.
Henry, r. de Flesselles, 20.
Journaux, r. des Chartreux, 28.
Lardet et Jacquet, r. de la Citadelle, 3.
Lassara (J.), c. des Tapis, 1.
Lassauzay, r. d'Ivry, 35.
Lehodey (A.), r. de la Visitation, 5.
Lehodey (F.), r. du Bon-Pasteur, 21.
Marin, r. Ste-Elisabeth, 61.
Martin (J.-M.), r. d'Austerlitz, 10.
Mercier (J.), r. du Bon-Pasteur, 9.
Moiroux (F.), r. Ste-Elisabeth, 11.
Monand, r. de l'Alma, 16.
Monffouilloux (C.), r. Tholozan, 19.

Monnet (J.-M.), r. Dumenge, 10.
Morel, r. Lafayette, 5.
Morel (Vve), r. Centrale, 17.
Mouton (J.-L.), Gr.-Côte, 7.
Nicolas (M.), r. Rivet, 7.
Perret (Vve), r. des Fantasques, 8.
Petit-Jean (F.), r. de la Visitation, 5.
Picorneau, r. St-Georges, 28.
Piégay (J.), r. Imbert-Colomès, 13.
Pinet (V.), r. Tête-d'Or, 59.
Pittaval, r. Audran, 5.
Pochon, r. du Bon-Pasteur, 41.
Poyard, pl. St-Louis, 27.
Richard, r. Ste-Elisabeth, 55.
Robert, m. des Carmes-Déchaussés, 10.
Ronchaud, r. de la Terrasse, 2.
Rosselet (J.-L.), r. Moncey, 11.
Rousset, c. d'Herbouville, 33.
Rousset, r. de la Citadelle, 5.
Rousset fils, r. de la Citadelle, 5.
Sedant (J.), r. de la Tour-du-Pin, 3.
Sibut, pl. des Tapis, 3.
Souveraz, r. des Gloriettes, 1.
Thevenet, r. Richan.
Thomas, Gr.-Côte, 27.
Tisson (J.), cours des Tapis, 9.
Valous (A.), r. des Chartreux, 27.
Verni (J.), r. de Flesselles, 23.
Vialond (F.), r. Celu, 12.
Vitte, r. Perrod, 20.

Plieurs pour soie à coudre.

Chanay, r. Ferrandière, 18.
Curbillon, q. Pierre-Scize, 104.
Guerrier (V.), plieur pour soies à coudre, lustreur, étireur et reflotteur, r. Neuve, 10.
Lamadon (F.), r. de l'Arbre-Sec, 26.

Maurier, r. Grôlée, 46.
Polaud, r. du Commerce, 24.
Richarme (M.), r. St-Marcel, 11.
Trossard (L.), r. Grôlée, 41.

Produits chimiques.

Accarie (A.-C.), fab. de crême de tartre, r. Montesquieu, 11.
Bechet (A.), noir animal, r. des Culattes.
Biétrix aîné et Cie, r. Lanterne, 29.
Biétrix frères, pour teinture, r. Lanterne, 29.
Blanpied-Richard et Cie, r. de la Pyramide, 100.
Bourgeaud (J.) et Cie, r. de St-Cyr, 42.
Caseneuve et Lestra, r. Lanterne, 26.
Chartoir père et fils, noir d'impress., au Moulin-à-Vent.
Chauvet frères, q. Castellane, 29.
Coignet père et fils et Cie, gélatines et colles fortes de tous genres pour apprêts, r. Rabelais, 3; Paris, r. Bleue, 7.
Comte (E.) et Marcout, pl. du Gouvernement, 5.
Cornu cousins, aniline, benzine, etc., ch. de Gerland, 18.
Couturier frères et Cie, r. Mercière, 90.
Delaval, au Moulin-à-Vent, appart. pl. du Pont, 11.
Dijoud (J.), fab. de rouille, q. de Serin, 53.
Drogniet, r. St-Amour, 11.
Duverdy, fab. de vernis, au Moulin-à-Vent.
Franc (L.-T.), pour impressions, r. Neuve, 7.
Fuchsine (la société), directeur, Guinon jeune, à Rochecardon, près Lyon.
Gastoud, pour pharmacie, r. Villardière, 31.
Gibert, fabricant de vernis, aux Charpennes.
Girard (Ant.) et Cie, r. d'Algérie, 7.
Goutines (F.), cours d'Herbouville, 48.
Gros (C.), fab. de rouille et couperose, ch. du Sacré-Cœur, 14.
Guelpa (F.), pour pharmacie, c. Lafayette, 220.
Guimet, fab. de bleu, pl. de la Miséricorde, 1.
Guinon, Marnas et Bonnet, pourpre française, etc., r. Bugeaud, 6.
Henry et Cie, fab. de bleu, pl. des Cordeliers, 6.

Humbert (A.-J.), r. des Augustins, 8.
Jalabert et Cie, r. de Marseille, 31.
Jouvanceau et Cie, désincrustant, r. Cuvier, 82.
Laroche, Ruegg et Cie, orseille, cud-beard, carmin d'indigo, cochenille ammoniacale, extraits d'orseille et de bois, cours d'Herbouville, 80.
Manin jeune et Cie, r. de l'Arbre-Sec, 40.
Maréchal et Benoit, extraits de bois, q. de Serin, 53.
Martin (P.), fab. de bleu, ch. du Sacré-Cœur, 3.
Martin (J.), Hegmann et Cie, fab. d'orseille, cud-beard, carmin et composition d'indigo; médaille d'argent à l'exposition de 1849 ; médaille d'or à l'exposition de Nîmes, 1863; r. du Bourbonnais, 22, Vaise.
Merle et Micollon, gélatine, ch. de St-Just, 15.
Monier père, fils et Cie, c. Vitton, 53.
Mulaton (C.) et Cie, r. Neuve, 12.
Napolier jeune, fab. de bleu, r. de la Vierge-Blanche, 1.
Paret et Mochel, extraits de bois, r. de Chartres, 88.
Perret et ses fils, q. St-Antoine, 35.
Pin (C.), r. de la Villardière, 34.
Polme (F.), fab. de bleu, r. Grôlée, 32.
Pommier et Cie, q. de Jemmapes, 224, à Paris, pour teinture, maison à Lyon, c. Perrache, 64; représentant Dury, r. de l'Impératrice, 79.
Picard, Lucien et Cie, q. Joinville, 39.
Platel, r. Montgolfier, 6.
Pontal (P.), spéc. de colle et amidon, q. St-Vincent, 46.
Prunier (P.), pour teinture, r. Vauban, 122.
Raffard (L.) et Cie, r. Cuvier, 3.
Rambaud (D.), composition d'indigo, gr. r., Charpennes.
Ribollet frères, pour teinture, r. Vendôme, 70.
Roustan et Chevalier, pour teinture, Cité Napoléon.
Rubsamen et Remp, pour teinture, q. Castellane, 6.
Ruby (F.), fab. d'aniline, q. Joinville, 39.
Sadot neveu, r. de Bonnel, 43.
Trux, Mistral et Cie, r. Luizerne, 3.
Venet (P.), fabricant de carmin et sulfate d'indigo, cochenille ammoniacale, orseille, cud-beard, carmin d'orseille et extraits de matières colorantes, r. Vendôme, 94.
Violet, carmin et indigo, r. Monsieur, 15.
Voisin (M.), violet d'aniline, cours Lafayette, 9.

Raseurs de velours.

Billand, petite r. des Feuillants, 5.
Boulot-Cuzin (Mme), petite r. des Feuillants, 5.
Campiche, r. du Griffon, 10.
Convert (Mmes), pl. Tholozan, 20.
Fabre (H.), r. de Sully, 6.
Gurset (A.), petite r. des Feuillants, 5.
Jiguet et Cie, pet. r. des Feuillants, 5.
Lamotte et François, r. Tables-Claudiennes, 20.
Marthoud (B.), pl. Tholozan, 19.
Porcher, imp. St-Polycarpe, 8.
Rey et Rabilloud, pl. Tholozan, 21.
Vignaud, pl. Tholozan, 19.

Remisses (fab. de).

Baril, r. Rozier, 3.
Beaumont (J.), Gr.-Côte, 93.
Bellemain, r. Tables-Claudiennes, 20.
Boiron (F.), montée du Gourguillon, 25.
Camet (G.), r. Madame, 41.
Cornet (H.), montée St-Sébastien, 22.
Couturier, r. du Mail, 12.
Defranc, r. du Bon-Pasteur, 11.
Drevon, Gr.-Côte, 13.
Desmard (P.), ustensiles pour la fabrication des étoffes de soie unies et façonnées, montage de métiers, gros et détail, exportation, r. d'Austerlitz, 21.
Dufour, r. Romarin, 7.
Durand (P.), r. Vieille-Monnaie, 15.
Gavillet, r. de Flesselles, 20.
Jacquetant, breveté s. g. d. g., succes. de Baril, soie fil et coton pour remisses; spécialité de fil apprêté pour maillons, r. Vieille-Monnaie, 43.
Joannard (Mme), r. Désirée, 8.

Jochs (Mlle), r. Imbert-Colomès, 5.
Jochs (Mme), Gr.-Côte, 65.
Marrel (Mlle), r. Romarin, 12.
Mathieu (P.), assortiment de soie et coton, r. Vieille-Monnaie, 23.
Moussy, r. St-Polycarpe, 12.
Plassard (J.), Grand'Côte, 2.
Sagnon fils, gros et détail, montée St-Sébastien, 18.
Satin (A.), r. St-Georges, 47.
Seigle-Goujon, fab. de remisses en tous genres, fournitures spéciales pour le tissage mécanique, et généralement toutes sortes d'ustensiles pour tous les genres de tissus. Soie, fil, laine et coton pour remisses. Dépôt de maillons métalliques, et produits anglais. Garnissage de maillons, gros et détail, commission et exportation, r. du Griffon, 7.
Thevenet (Mme), r. des Chartreux, 21.
Tournier (A.), r. du Commerce, 36.
Vidaud, r. de Sève, 8.
Voyment fils, r. Pouteau, 24.

Soie (essayeurs de).

Angelby (Mme), r. Pizay, 11.
Ollier (A.) et C. Mercier (Mmes), r. Lafont, 20.
Bertrand, r. du Griffon, 12.
Bouvet (A.) et Dupoyet, r. du Griffon, 6.
Cornet (J.), r. Désirée, 12.
Durieux (V.), r. Puits-Gaillot, 25.
Duvivier (L.), r. du Griffon, 14.
Finzi, r. du Griffon, 13.
Hattemberger (G.), r. Pizay, 11.
Humblot (L.), petite r. des Feuillants, 3.
Joly (Mme), r. Désirée, 5.
Martin-Bernard (Mme), r. du Griffon, 5.
Mélon-Carrez, r. Désirée, 21.
Nicolas, r. St-Claude, 4.
Passebois (F.), r. Terraille, 14.
Perret, r. du Griffon, 1.

Rillieux (Vve), r. du Garet, 3.
Rousset (L.), r. Désirée, 8.
Sachet (J.), r. Désirée, 19.
Sautel (Mme), r. Terraille, 18.
Tricot, r. Puits-Gaillot, 17.
Valentin, r. du Griffon, 17.
Vincent, r. Désirée, 11.
Voisin (L.), r. du Griffon, 5.

Soie (bourres et déchets de).

Boissière (A.) et Cie, r. Pizay, 3.
Bollon et Cie, frisons, r. Puits-Gaillot, 19.
Boyeux, r. des Capucins, 6.
Brante père et fils, pl. des Capucins, 2.
Carron (G.), r. Vieille-Monnaie, 29.
Clunet (P.), r. Monsieur, 9.
Comi, r. St-Polycarpe, 10.
Dobler, Warnery et Morlot, filateurs, q. St-Clair, 14.
Franc (A.) père et fils et Martelin, r. Neuve, 7.
Giraud (J.), r. de la Paix, 1.
Lardon (P.), bourre de soie, r. Désirée, 19.
Laresse (Ch.) et Cie, fleuret pour passementerie, fleuret, Piémont, Zurich, fantaisie, chappe et galette pour dorure, fleuret à tricoter, bourre de soie cardée ou non, articles de Villefranche, en tous genres, r. St-Jean, 68.
Laroche et Chaverot, q. de Retz, 15.
Meyer et Dubost, représentant, r. Pizay, 3.
Olph-Gaillard (L.) et Cie, soie filée, pl. des Capucins, 3.
Paradis et Cie, fantaisie filée, r. Vieille-Monnaie, 33.
Pasquet, Knœri et Cie, laines et cotons filés, r. Vieille-Monnaie, 33.
Perriollat (E.) fils et Beaurepaire, bourres et frisons, q. St-Clair, 13.
Pontal, et laines, q. St-Vincent, 46.
Pottier (A.), peigneur, r. Vendôme, 123.
Raffard et Chassignol, fantaisies, r. des Capucins, 25.
Rambaud-Thoral et Sestier, frisons, q. de Retz, 7.

Robert (A.), r. des Capucins, 13.
Scotti et Chavannes, q. de Retz, 10.
Seux et Cie, r. Désirée, 4.
Tavernier et Thevenin, ex-directeurs de la Société lyonnaise des déchets, r. Ste-Catherine, 7.
Vernier (F.), r. des Capucins, 5.

Soie à coudre.

Ayné frères, q. de Retz, 4.
Beauser, fab. de soie à coudre, soies pour passementerie, enjolivures, dorures, ornem. d'église et fleurs, trames et organsins pour fabrique; gros et détail, r. Grenette, 35.
Bellet, pour machine, r. Gasparin, 29.
Boffard (B.) et Cie, q. de Retz, 12.
Benoit (H.), r. Mercière, 53.
Chaudy et Cie, r. Centrale, 23.
Contant (E.), grèges ouvrées et teintes, r. Pizay, 5.
Costal, pour machines, r. Grenette, 23.
Curbillon (P.) et Cie, r. des Forces, 2.
Delay et Bouchu, fil et mercerie, r. Tupin, 1.
Durieux (J.), teintes et écrues, r. et pl. de la Bourse, 41.
Fayard et J. Blanc, r. de l'Impératrice, 68.
Granjon et Flajollet, r. Centrale, 38.
Germain frères et Cie, soies à coudre et à franges, teintes et écrues, grèges et ouvrées, r. Ste-Catherine, 3, usine à Livron, Drôme.
Jaricot (Vve) et fils r. Puits-Gaillot, 21.
Monnet, Bazin et Daillon, r. Centrale, 4.
Pascalis, pour machines, passage de l'Hôtel-Dieu, 36.
Pelletier et Cie, fab. de soie à coudre, teintes et écrues, pour mercerie, broderie et passementerie; spécialité de soies pour machines à coudre, r. Impériale, 26.
Pichon jeune, r. St-Pierre, 27.
Picollet (J.) fils et Cie, fab. de soie pour dorures, gr. r. Longue, 20 et 22; r. Fromagerie, 5 bis, à l'entresol.
Séon (Léon), succes. de Séon-Maron, r. et pal. de la Bourse.
Vuille et Cie, r. de l'Impératrice, 103.

Bernard (X.), lustreur et tireur de soies à coudre, médaille de 1re classe, anglo-française, à l'exposition de 1865; pour enlever le duvet aux fantaisies sans altération, r. Ste-Catherine, 13.

Soie, fil et coton pour remisses.

Baril, r. Rozier, 3.
Jacquetant, succes. de Baril, r. Vieille-Monnaie, 43.
Mathieu (P.), r. Vieille-Monnaie, 23.
Martel, côte St-Sébastien, 20.
Moussy, r. St-Polycarpe, 12.
Paques, r. du Commerce, 7.
Perret jeune, mercerie, r. des Forces, 4.
Rambaud, Thoral et Sestier, q. de Retz, 7.
Sagnon fils, gros et détail, montée St-Sébastien, 18.
Seigle-Goujon, soies, fils et cotons pour remisses, ustensiles de toutes sortes pour le tissage, gros et détail, commission et exportation, r. du Griffon, 7.
Tournier, r. du Commerce, 36.

Teinturiers en soie, laine et coton.

Bacconnier, chineur, r. St-Polycarpe, 12.
Baillat, en coton, r. de la Vieille, 17.
Bajard, en laine, gr. r. St-Clair, 36, Caluire.
Basset, chineur sur laine, r. Impériale, 28.
Baugé frères, en soie noire et velours, c. d'Herbouville, 67.
Baugé (F.), en coton, q. St-Vincent, 12.
Bernard, apprêt et teinture de chapeaux de feutre, r. de Créqui, 40, Brotteaux.
Berthet (L.), en soie, q. Castellane, 8.
Berthier (F.), en soie, q. St-Vincent, 34.
Brossard, en soie, r. des Prêtres, 18, et r. du Doyenné, 23.
Bruyas, Grataloup et Gonnet, en soie, pl. de la Butte.

Bruguyèr, chineur, r. Constantine, 5.
Charrier, en laine, r. du Consulat, 10.
Charret, en coton, cours d'Herbouville, 75.
Charvet (J.), chineur, aux Charpennes.
Charvet (Vve), en soie à coudre, q. St-Vincent, 59.
Chaumartin, q. St-Vincent, 46.
Chavagnon, teinturier, chineur, r. de Chartres, 106.
Collomb, en soie noire, q. St-Vincent, 21.
Corron (J.) et Toussaint, en soie, r. Godefroy, 27.
Decome, chineur, r. de Jussieu, 21.
Dethomme (J.), sur crêpes, r. de l'Arbre-Sec, 36.
Depalme (F.), en soie, r. Vieille-Monnaie, 23.
Doublier fils, spécialité pour crêpes de Chine, r. Cuvier, 16.
Drevon aîné, en noir, cours d'Herbouville, 58.
Dufour, en soie, q. Castellane, 8.
Durand, et apprêteur en chapeaux, r. de Condé, 44.
Emery, coton, r. Monsieur, 12.
Favre, chineur, pl. Croix-Pâquet, 11.
Filliat et Cie, en soie, c. d'Herbouville, 70.
Gallien (A.), chineur, r. Bugeaud, 80.
Galvin et Roche, en soie, q. Pierre-Scize, 43.
Garnier, en chapeaux, r. Grôlée, 32.
Gay (A.), en laine, avenue de Noailles, 9.
Gillet et Pierron, en soie, q. de Serin, 8.
Gilibert, cours Bourbon, 36.
Giraud (C.) et Cie, nouvelles couleurs, q. de Serin, 58.
Giraud, crêpes, q. de Retz, 9.
Gonin, en soie, impasse Gonin.
Grimaud-Perraud, en soie noire, c. d'Herbouville, 46.
Grange, en noir, r. Lafayette, 37.
Grobon et Cie, r. Royale, 27.
Guillermet (A.), en laine, r. Vauban, 6.
Guillon, Robin et Cie, en soie, q. Castellane, 7.
Guillot aîné et Four, en tulles, c. d'Herbouville, 8.
Guinon, Marnas et Bonnet, r. Bugeaud, 6.
Henry (F.), en soie, r. Tupin-Rompu, 6.
Imbert (J.), en couleurs, c. d'Herbouville, 55-56.
Jandin (C.), pour impressions, gr. r. St-Clair, 90.
Janin fils, en soie, q. St-Vincent, 56.
Jourdan, chineur, r. de la Martinière, 9.

Jullien (A.), en laine, r. Tavernier, 12.
Larpin (G.) et fils, en soie, r. St-Marcel, 11.
Martinand frères, en soie, cours d'Herbouville, 60.
Mas (E.), en couleurs, pl. de la Boucle, 2.
Méray (J.-C.), en soie, r. Tavernier, 3.
Moraut, doublures coton, r. des Culattes, 21.
Morin, Collomb et Corday, tulle, r. Lafayette, 34.
Paccaly, en tulle, r. Bossuet, 29.
Pagnon (J.), cours d'Herbouville, 33.
Perrier, q. Fulchiron, 40.
Perrin (J.), en laine, r. Lafayette, 36.
Pétré (E.), en soie, r. Monsieur, 12.
Piaton, Bredin et Cie, soie noire, r. de la Quarantaine, 3.
Picot (F.), en foulards, r. Montbernard, 14.
Pignard (A.), soie noire, q. Pierre-Scize, 48.
Pierron, Bennier et Gras, soie, place de la Boucle, 3.
Pinet (A.-B. aîné et Cie, en soie, laine et coton, r. de Créqui, 1.
Pinet (J.-L.), soie et coton, r. Tavernier, 8.
Pitrat et Cornu, en couleurs, cours d'Herbouville, 63 et 64.
Poncet (J.-M.) et Couturier, q. St-Vincent, 12.
Pons (L.), en laine, r. Tavernier, 3.
Ramel frères et Couturier, en soie, r. de la Vieille, 13.
Randu (J.), r. Jean-de-Tournes, 8.
Renard et Villet, en soie, q. Castellane, 9. q. Pierre-Scize, 53.
Salignat, en soie, q. St-Vincent, 58.
Savigny et Bunand, en soie, r. Monsieur, 29.
Seuf et Tardy, en coton, r. Cuvier, 11.
Thivollet, r. de Barême, 8.
Thomassin (A.), chineur, r. Madame, 10.
Triquet (L.), r. Thomassin, 47.
Verrier (B.), coton, q. de Vaise, 39.
Veuillod jeune, avenue de Noailles, 1.
Vindry (F.), neveu et Cie, q. St-Vincent, 8.

Julliard (G.), trituration des bois de teinture, avenue de Saxe, 157.
Page père et fils, trituration, r. St-Vincent, 20.

Tireurs d'or (marchands, fabricants).

Buchet, r. Monsieur, 52.
Dessalla, r. du Garet, 13.
Duchavany et Cie, q. de Retz, 18.
Durret (P.), traits or et argent, fins et mi-fins, cannetilles lames et bouillons, articles nouveautés en dorures pour la fabrique; exportation. r. de l'Impératrice, 99.
Dutel et Blancard frères, r. du Griffon, 5.
Fichet frères, Muraour et Cie, fab. spéciale de filés or et argent, traits, lames, cannetilles, paillettes, découpures et étoffes brochées, r. Puits-Gaillot, 3.
Gérard père et fils, à Ste-Foy-lès-Lyon.
Jaillard père et fils, r. Impériale, 12.
Millou et Cie, r. Bugeaud, 50.
Roche (C.) et Bony, r. Impériale, 2.
Rodes (F.), pl. de la Miséricorde, 3.
Siméan (C.) et Cie, pl. Sathonay, 4.
Tarpin père et fils, r. de l'Impératrice, 37.

Tireurs d'or (à façon).

Barmont fils, r. du Garet, 9.
Barmont (T.), r. Terraille, 7.
Barmont (Vve), r. Mercière, 18.
Béroujon (C.), r. du Commerce, 24.
Berthet, Gr.-Côte, 47.
Bocuze, r. de la Préfecture, 10.
Bovey (E.), achat de vieilles dorures, r. Soufflot, 1.
Buy (F.), Chaine, Vaucanson, Gr.-Côte, 59.
Chataignier (P.), r. Grôlée, 31.
Chaud (P.), r. de la Tourette, 5.
Deschamps et Pelosson, r. St-Polycarpe, 14.
Favier, r. Charlemagne, 40.
Lafont (B.), r. du Commerce, 39.
Neyrard, c. des Carmélites, 15.

Noir, r. Imbert-Colomès, 51.
Nugoz (E.), r. St-Polycarpe, 16.
Nugoz (A.), r. Grôlée, 14.
Olivier (J.), r. Ste-Catherine, 13.
Pagès (A.), r. Vieille-Monnaie, 12.
Planche (J.), r. Camille-Jordan, 1.
Portier (Mme), r. Désirée, 7.
Rozet, r. Terme, 12.
Valansot (F.), r. Imbert-Colomès, 21.

Tourneurs pour la fabrique.

Alibert, r. du Commerce, 4.
Bracquemard, r. Romarin, 4.
Burtin, r. Duguesclin, 147.
Canonge (A.), r. de Trion, 78.
Chapelle fils aîné, r. Vieille-Monnaie, 26.
Chapoton, r. du Commerce, 22.
Chevalier, r. Tavernier, 12.
Claret aîné, r. Pouteau, 20.
Collet, r. Luizerne, 4.
Commoy, r. des Marronniers, 7.
Coulet (J.), r. Dumenge, 4.
Crétinon, r. de Sèze, 61.
Dégoutte, r. Ste-Elisabeth, 70.
Dégravel, r. du Mail, 39.
Déprez (C.), pour chapellerie, r. Sala, 60.
Doyonnax, r. Vieille-Monnaie, 23.
Doyonnax, r. du Commerce, 31.
Fabrel, r. Tramassac, 11.
Favier, r. Tramassac, 40.
Fracque, r. Duguesclin, 134.
Futin (L.), r. Tables-Claudiennes, 13.
Garçon (B.), Gr.-Rue, 2, Croix-Rousse.
Geoffray, r. des Auges, 8.
Girard (C.), r. Palais-Grillet, 14.
Glaser, r. Neyret, 37.

Hudriot, fab. de roquets en tous genres pour la soierie par brevet de perfectionn., s. g. d. g., r. Ste-Elisabeth, 32.
Jaboulay, r. de Trion, 77.
Julliard (J.), montée du Gourguillon, 1.
Krause (H.), spécialité pour la fabrique, tournage en tous genres; ébénisterie, menuiserie et tabletterie, fabrication et réparation de pipes d'écume de mer et autres, r. des Capucins, 17.
Lacroix (J.), r. Vieille-Monnaie, 41.
Léonard, Gr.-Côte, 118.
L'Héritier (A.), r. Imbert-Colomès, 24.
Machizot, r. du Mail, 21.
Martin, r. Confort, 13.
Meunier, avenue de Saxe, 153.
Métral (C.), r. Duguesclin, 114.
Michal, r. St-Paul, 24.
Millet, r. Duquesne, 45.
Millia, r. Belle-Cordière, 30.
Mornay (J.-A.), r. Pouteau, 10.
Nicod (A.), r. Bodin, 2.
Paret, r. Monsieur, 59.
Perrin, r. des Capucins, 19.
Perrin (Vve), r. Tables-Claudiennes, 29.
Perron fils, pl. Morel, 2.
Perron (L.), r. d'Austerlitz, 13.
Pichon (H.), r. Vieille-Monnaie, 29.
Ploquin, r. de Bonnel, 33.
Quinson, r. d'Ivry, 12.
Quinson (H.) fils aîné, tourneur spécial pour la fabrique, spécialité de tuyaux vernis et autres, et roquets confectionnés en tous genres; tuyaux vernis perfectionnés où la soie peut rester indéfiniment sans s'échapper d'elle-même, dit vulgairement ébaullier, r. du Mail, 15, angle de la rue d'Ivry; Croix-Rousse; exportation.
Renaud, r. des Remparts-d'Ainay, 17.
Riot, r. Duguesclin, 75.
Robichon, r. Masson, 8.
Robin, avenue de Saxe, 263.
Royer, q. de l'Hôpital, 12.
Strien (E.), sur bois en tous genres, r. Ste-Blandine, 4.
Thivel, r. Vauban, 29.

Thivel, c. Bourbon, 76.
Tournier, r. Grognard, 4.
Trambouze, r. Tables-Claudiennes, 18.
Vial, r. de la Vieille, 5.
Vittenet (N.), r. Pouteau, 8.
Vurm, r. Servient, 66.

Ustensiles pour la fabrique.

Abrias (J.), gr. r. de Cuire, 2.
Alibert, r. du Commerce, 4.
Astier, r. Cuvier, 130.
Barjot, monteur de métiers, r. de Flesselles, 20.
Bergeret, r. du Mail, 6.
Bernand, fab. de battants, r. Lafayette, 8.
Bernel (J.-B.), r. de Flesselles, 24.
Bigot (J.), fab de battants, r. de la Terrasse, 1.
Bigot (F.), battants, r. Dumenge, 15.
Billion (B.), mécan. pour les fers de velours, Gr.-Côte, 53.
Billion (F.), r du Mail, 29.
Blanchard (B.), r. de Chartres, 34.
Blin, r. St-Vincent-de-Paul, 3.
Boiron, montée du Gourguillon, 25.
Bosson (P.), r. St-Vincent-de-Paul, 13.
Bourdelin, c. Vitton, 3.
Branche frères, r. du Bœuf, 7.
Brossier et Vammoë, r. Vieille-Monnaie, 11.
Brun, r. de Villeneuve, 5.
Brun (J.), r. Duviard, 5.
Bully, petite r. de Cuire, 1.
Cagna (H.), r. des Machabées, 4.
Caire (G.), Gr-Côte, 3.
Camet, r. Madame, 41.
Catheland (A.-P.), fab. de tuyaux, r. du Mail, 1, Cr-R.
Chalon (C.), r. Moncey, 15.
Chardon (J.-P.), cordier pour la fabrique, fab. d'arcades, colets-cordes pour les métiers à la Jacquard et les lissages. Commission pour tout ce qui concerne la fabrique. r. Magneval, 3, et St-Vincent-de-Paule, 10.

Chenevat (J.), spécialité de tuyaux de cartons pour la fabrique, tuyaux pour battants brocheurs en carton, montée du Chemin-Neuf, 20.
Chupin (J.), outils perfectionnés, spécialité de rabots, pinces, forces à raser et taille-pinces, pour veloutiers, r. Tables-Claudiennes, 18.
Clasis (J.), tuyaux, r. du Mail, 15.
Colombant, r. Ste-Rose, 5 (C.-R.).
Croizier-Deronzières, fab. de régulateurs, r. Bodin, 2.
David, r. de Sève, 6.
Debrabant, fab. de tuyaux imperméables en papier fin verni pour le tissage de soieries, r. Imbert-Colomès, 37.
Demard (A.) et Cie, r. du Mail, 23.
Denis, cannetières, gr. pl. de la Croix-Rousse, 26.
Dernay (J -B.), r. Neyret, 11.
Desmard neveu, r. Bodin, 9.
Desmard (P.), ustensiles pour la fabrication des étoffes de soie unies et façonnées, montage de métiers, gros et détail, exportation, r. d'Austerlitz, 21.
Devaux, r. Bodin, 8.
Dugnat, r. du Pavillon, 9.
Dumortier (B.), fab. de métiers, r. du Doyenné, 31.
Estellon (Rodolphe), seul successeur de MM. Cazet et Cie, grande spécialité d'articles de moulinage privilégiés. Purgeoirs pour Chine et Japon et filature française. Tavelles en tous genres, divers purgeoirs nouveau système, capelettes de dimensions variées, en cuivre, zinc, fer-battu, verre, etc., fait sur commande, r. Monsieur, 25.
Fargeix (J.), régulateurs, r. d'Ivry, 10.
Fillod (C.), fab. de régulateurs, pl. Colbert, 8.
Fion (V.), pl. du Perron, 1.
Fontaine, étireur de plombs, r. Ste-Blandine, 2.
Gache frères, fab. d'ourdissoirs, r. Vieille-Monnaie, 29.
Gache, (Vve), ourdissoirs, r. Vieille-Monnaie, 15.
Gache neveu, fab. d'ourdissoirs, régulateurs, r. Vieille-Monnaie, 23.
Gaivallet, r. de la Charité, 17.
Gantit, r. du Chariot-d'Or, 9.
Gauthier (J.), fab. d'arcades et cordes, r. Jacquard, 24.
Gervat (J.), pl. St-Laurent (Cr.-R.).
Giboz, battants, r. de Villeneuve, 1 (Cr.-R.).

Gindre, r. Vaucanson, 2.
Giraud (C.), r. Ste-Elisabeth, 63.
Girard père et fils, maillons aciers, r. de la Préfecture, 9.
Guigon, fab. de purgeoirs, spécialité d'articles pour moulinage, q. Castellane, 1, Brotteaux.
Guillermin (J.), r. Dumont, 9.
Guinet, nouveau système de conducteur dit papillon, sans caoutchouc, breveté s. g. d. g., régularisant la tension des trames pour défiler et dérouler. Pointizelles en tous genres, gros et détail, r. Jean-Baptiste Say, 5; près de la gare du chemin de fer de la Croix-Rousse.
Haine, marchand de métiers, r. du Mail, 1.
Jacquet, tuyaux, r. St-Augustin, 17.
Jourdan, monteur de métiers, r. Madame, 35.
Keller, fab. de battants, r. Tronchet, 61.
Kenly, fab. de battants, r. du Bon-Pasteur, 3.
Lagrange, fab. de battants, r. Mottet-de-Gérando, 11.
Lallier (Vve), fab. de maillons et verroterie, r. d'Ivry, 17.
Lièvre (P.), verroterie, r. Bugeaud, 27.
Louis (A.), monteur de métiers, r. Bodin, 13.
Marchal, battants, r. du Mail, 29.
Maréchal, fab. de battants, r. du Mail, 30.
Marque, perceur, r. Grognard, 6.
Mazière, r. du Mail, 43.
Mazière (C.), r. du Mail, 32.
Minvielle, fournitures pour la fabrique, roquets, poulies, etc., r. Pouteau, 17.
Mosnier (L.), battants, r. Tronchet, 63.
Mosnier (M.), battants, côte St-Sébastien, 11.
Mougeolle (L.-J.), battants, r. de Sully, 102.
Muyard, montée St-Sébastien, 11.
Noël, spécialité de battants-brocheurs et cannetières à défiler et dérouler, r. du Bon-Pasteur, 45.
Oysel (J.-B.), r. Tables-Claudiennes, 2.
Palais, fab. de battants, r. Dumont, 7.
Pellet (C.), Gr.-Côte, 56.
Peillet (J.), r. Lafayette, 9.
Pichereau, pour la Jacquard, r. de Créqui, 8.
Piffady (J.-B.), tuyaux, r. d'Austerlitz, 5.
Pion (B.), verroteries, r. Bodin, 11.
Plassard jeune, ustensiles, Gr.-Côte, 2 et 38.

Poizat, verroteries, montée du Change, 2.
Porte, perceur, r. du Chariot-d'Or, 14.
Raguet (Vve), cordier, r. Pailleron, 34.
Reboul (L.), fab. de battants, r. Bodin, 3.
Revel, fab. de verres pour la soirie, filature, moulinage, passementerie et guimperie, bambins, carcagnolles, crochets, grenouilles, baguettes, etc., annelets, maillons, poulies en verre, articles de chimie, r. de Sèze, 15.
Rey (C.), tuyaux pour la fabrique, r. du Bon-Pasteur, 23.
Richard (B.), mécanicien, Gr.-Côte, 51.
Riou (C.), fab. de tuyaux, r. Duquesne, 37.
Rossat frères, épingliers et fab. de fuseaux, r. Imbert-Colomès, 18.
Rossat (Claude), fab. de battants, r. Boileau, 7.
Rougemont, r. du Commerce, 35.
Sallier aîné, pl. du Perron, 5, et r. Tronchet, 45.
Sagnon fils, arcades, plombs et maillons, c. St-Sébastien, 18.
Saint-Genis, cordier, r. Vieille-Monnaie, 14.
Serre fils, r. du Mail, 38, Croix-Rousse.
Silvan (J.), cordier, avenue de Noailles, 70.
Tissot, r. St-Georges, 10.
Vaisse et Trouilleton, fab. de battants, r. Imb.-Colomès, 12.
Vercherat fils, maillons, r. Perrod, 20.
Vial (J.), fab. de maillons, r. Vieille-Monnaie, 27.
Vial aîné, maillons, r. Dumenge, 4.
Vieux aîné, machines à devider, pl. du Perron, 4.
Ziperlin, mécanique à la Jacquard, r. d'Ivry, 23.

TROISIÈME PARTIE

comprenant

LE COMMERCE DES TISSUS ET LES INDUSTRIES QUI S'Y RATTACHENT

(CLASSÉS ALPHABÉTIQUEMENT.)

Articles de St-Quentin et Tarare.

Bailly (J.), r. Mercière, 28.
Baron (Mme), r. de l'Impératrice, 97.
Baugier (R.) et Cie, r. Gentil, 10.
Berchoux et Cie, lingeries, broderies, dentelles et articles de Mulhouse, r. Centrale, 15.
Beyssac aîné, q. de l'Archevêché, 15.
Boyer-Gros, r. Saint-Marcel, 23.
Bongiraud (V.), r. Neuve, 26.
Carlod, pl. de la Croix-Rousse, 1.
Chataignier (J.) et Cie., r. Gentil, 12.
Charavay-Genevay, r. de la Monnaie, 2.
Cottet, r. Gentil, 1.
Coutelier, r. de l'Impératrice, 74.
Cusenier et Gentelet, r. Bât-d Argent, 9.

Dardel, r. de l'Impératrice, 53.
Denave-Ronat (H.), r. St-Pierre, 41.
Denoyel et Cie, articles de Calais, r. de l'Impératrice, 31.
Donneaud (veuve), grande rue Longue, 3.
Dumas (A.) et Cie, r. Gentil, 4.
Dumas-Sparvié, r. Romarin, 29.
Durand et Masson, r. Pizay, 6.
Dutroncy (E.), r. de l'Impératrice, 68.
Emery (Mmes) et Cie, r. St-Pierre, 18.
Fournier (Mlle), r. Centrale, 21.
Fracque Elie et Cie, r. St-Pierre, 33.
Gallice (C.), r. Bât-d'Argent, 10.
Garnier (J.) et Cie, dépôt de dentelles du Puy, tulles unis et fantaisie, r. Impériale, 6.
Giroud-Tivel, de Tarare, r. Gasparin, 12.
Goujon (P.), r. de l Impératrice, 49.
Guiraud (A.), r. Centrale, 52.
Hebrard, Brunet et Cie, dentelles et broderies r. Impériale, 11.
Hervilly et Cie, r. Bât-d'Argent, 10.
Hugon (F.), r. Grenette, 32.
Hunot, Rivoire et Chermette, dentelles, broderies, tulle et lingerie confectionnées, r. de l'Impératrice, 35.
Julien aîné, r. Tupin, 6
Lataste frères et Cie, r. Centrale, 5.
Larochette (L.), r. Grenette, 17.
Lemonon et Cie, de St-Quentin, r. des Forces, 3.
Lepage-Planus, r. de l'Impératrice, 56.
Liénard et Grataloup, articles de Calais, r. Gentil, 11.
Million aîné et Cie, calic. d'Alsace, r. de l'Impératrice, 32.
Molin, Riche et Cie, r. de l'Impératrice, 25.
Passeron (C.), mousselines et tulles, r. Centrale, 7.
Perriot (L.), r. Centrale, 32.
Pichoz (F), dentelles, blondes, corbeilles de mariages et trousseaux, r. Saint-Pierre, 4.
Renoir et Costadeau, r. de l'Impératrice, 13.
Rippard, cousins, r. Grenette, 3.
Royané (S.), tarlatanne, mousseline, broderie, rideaux brodés, mousseline barre-de-fers pour couturière, r. de l'Impératrice, 7.
Saboureault et Jeam, r. Bât-d'Argent, 8.

Serviant (F.) et Cie, r. St-Pierre, 31.
Thiers (A.), r. de l'Impératrice, 17.
Tiran, Ribes et Descombes, r. de l'Impératrice, 33.
Vaucheret (J.) et Cie, *au Bât-d'Argent*, r. Impériale, 9.
Vial (M.), r. de l'Impératrice, 33.
Vincent (J.-B.) et Cie, r. Lafont, 6.

Articles du Beaujolais.

Aubert et Vincent, r. de l'Impératrice, 36.
Colomb et Minzemberger, r. Bât-d'Argent, 10.
Combrichon (A.), fournitures pour tailleur, r. du Plâtre, 4.
D'Hauteville et Cie, r. de l'Impératrice, 19.
Faure frères, r. Centrale, 1.
Finette cousins, r. de l'Impératrice, 33.
Gagnière et Brenant, r. Bât-d'Argent, 1.
Girier, Damour et Cie, r. de la Poulaillerie, 11.
Goutelle (P.), et Royé-Vial, r. de la Fromagerie, 3.
Hue-Chesnel et Bouthéon, r. Bât-d'Argent, 1.
Jassaud et Faussemagne, r. Bât-d'Argent, 10, mais. à Thisy.
Jouve, Dulac et Cie, r. Bât-d'Argent, 8.
Moncel, Boisson et Pagat, r. Centrale, 17.
Moréteau (P.), représentant de commerce, fabrique de coton et doublures, r. Jean-de-Tournes 10, près la place Impériale.
Murat et Faure, r. de l'Impératrice, 50.
Niogret et Cie, rue de l'Impératrice, 21.
Numa (G.), r. du Palais-Grillet, 24.
Pascal-Lauzier, r. de l'Impératrice, 17.
Pellet (veuve), grande r. Longue, 28.

Blouses et sarraux.

Bruyas (A.), fabricant de chemises, r. Centrale, 21.
Delachanal, r. Mercière, 45.

D'hauteville et Cie, r. de l'Impératrice, 19.
Forêt (C.) et Cie, r. Dubois, 21.
Gauthier et Cie, r. de l'Impératrice, 42.
Jalon, r. des Quatre-Chapeaux, 7.
Neyret (J.) et Cie, toiles et chemises, r. Grenette, 18.
Sermet et Achard, r. Ferrandière, 2.

Bonneterie, ganterie de tissus (en gros).

Aguettant père et fils, bonneterie, r. Impériale, 41.
Barnola fils, bonneterie et ganterie, r. Impériale, 10.
Bouland, ganterie, r. St-Pierre, 7.
Cambon frères et Cie, ganterie et chauss, r. Centrale, 44.
Crevat aîné, bonneterie, q. de Retz, 22.
Damiron, ganterie, tissus, r. Impériale 53.
Falconnier-Girardet, ganterie, r. Mercière, 58.
Fallot (A.), bonneterie, q. Saint-Antoine, 1.
Fugit frères et sœurs, bonneterie, r. Lanterne, 2.
Girier et Tellot, bonneterie et ganterie, r. Impériale, 30.
Grandjanny père et fils, ganterie en gros, r. Impériale, 32.
Guigard (J.-B.) et Cie, fab. de gants, r. Centrale, 23.
Labarre père, fab. de gants tissus, r. Thomassin, 6.
Montaud (H.), bonneterie, r. Impériale, 71.
Millou (E.) et Lafay, fabrique de ganterie en tissus soie, laine et fil, r. de l'Impératrice, 91.
Moncorgé-Bouchet, gants tissus en gros, r. Thomassin, 34.
Montaland (N.), gants tissus en gros, r. des Archers, 3.
Moucot et Bayard, et ganterie, r. et palais de la Bourse.
Mulet fils, Carron et Vacher, ganterie, r. Centrale, 28.
Pallias, Salomon et Cie, bonneterie, r. Centrale, 25.
Nantas et Cie, et ganterie, r. des Quatre-Chapeaux, 6.
Pellorce et Cie, et ganterie, r. St-Pierre, 41.
Petiet (P.), bonneterie, r. de l'Impératrice, 74.
Repécaud (C.), bonneterie, r. de l'Impératrice, 46.
Ronzon (jeune), bonneterie, r. Impériale, 73.
Salles jeune et Cie, fabric. de gants tissus, r. d'Algérie, 25.
Taupenot (G.), gants tissus, r. St-Dominique, 11.
Villard cadet, ganterie, laine, fil et soie, rue de l'Impératrice, 31.

Vincent fils, bonneterie, r. Ferrandière, 14.
Vivien (H.), gants tissus, r. de la Monnaie, 2.

Broderies de Nancy et autres.

Badiou (Dlle), r. Bourbon, 11.
Bailly (J.), r. Mercière, 28.
Barthe et Cie, tulles brodés, r. St-Polycarpe, 10.
Bazalgette (V.), broderies, soie à façon, et commission, r. Centrale, 5.
Bellet et Guillot, r. Royale, 20.
Berchoux et Cie, r. Centrale, 15.
Bernard (Mme), dessins, r. Impériale, 30.
Béville (A.), r. Dubois, 44.
Beyssac aîné, q. de l'Archevêché, 15.
Bongiraud et Cie, r. Neuve, 26.
Bonnardel, Boirayon (J.), r. Impériale, 35.
Boucharlat jeune, tulles brodés et dentelles, r. des Capucins, 18.
Charavay-Genevey, r. de la Monnaie, 2.
Cerf frères, r. Centrale, 31.
Chataignier (J.) et Cie, r. Gentil, 12.
De la Rue (D.), successeur de l'ancienne maison Jouve frères, soieries et dorures pour ornements d'église et ameublements, r. de l'Arbre-Sec, 3; maison à Bruxelles, r. Galilée, 15, boulevard de l'Observatoire.
Denave-Ronat, r. St-Pierre, 41.
Dupheis (Dlle), broderie d'église, r. St-Jean, 68.
Dutroncy (E.), tulles, r. de l'Impératrice, 68.
Favier (Mme), r. de l'Impératrice, 17.
Fayeton (Mme), ornements d'église, broderie or, argent et soie, q. Fulchiron, 2.
Finand-Bony (Mme), lingerie fine et articles de goût, trousseaux et layettes, r. de la Poulaillerie, 22, au 1er.
Gallice (C.), r. Bât-d'Argent, 10; à Nancy, r. St-Thiébaut 35.
Goujon (P.) et Cie, r. de l'Impératrice, 49.
Gros (Mme), r. St-Dominique, 3.
Guyot (J.-P.), dentelles et voilettes, r. Impériale, 77.
Hauger et Vassé, r. de l'Impératrice, 42.

Hebrard, Brunet et Cie, r. Impériale, 11.
Hirsch, r. St-Polycarpe, 14.
Hunot, Rivoire, et Chermette, r. de l'Impératrice, 35.
Idril, dentelles, r. Royale, 27.
Juvenet (H.), r. des Capucins, 24.
Leroy, r. Bugeaud, 62.
Marini (Dlles), r. des Capucins, 18.
Maugé fils, broderies, r. des Capucins, 13.
Montaud (H.), fab. de tricots, r. Impériale, 71.
Passeron (C.), r. Centrale, 7.
Philibert (Mme), rue Centrale, 21
Pulliat (J.), r. Impériale, 5.
Pichoz (F.), r. Saint-Pierre, 4.
Prost (Mmes), r. Puits-Gaillot, 25.
Radix, grande rue Longue, 27.
Ravier (J.) et Cie, pour deuil, q. de Retz, 6.
Ribolet-Bauchu (Vve), pour église, r. de l'Impératrice, 49.
Rollet fils et Cie, de Nancy, maison r. de la Poissonnerie, 25, dépôt à Lyon, r. de l'Impératrice, 31, au 1er, représenté par M. Ph. Descombes.
Roux (Ernest), r. Saint-Pierre, 33.
Renoir et Costadau, r. Bât-d'Argent, 2.
Rippart cousins, dentelles, r. Grenette, 3.
Royané (S.), broderies de Nancy, Tarare, Saint-Quentin et les Vosges, spécialité de dentelles et guipures, r. de l'Impératrice, 7.
Sauvayre-Marianny, r. Désirée, 7.
Seppe (P.), spécialité pour broderies d'uniformes civils et militaires, pour fanfares et ornements d'églises, r. de la Fromagerie, 3.
Storck (Dlle), r. Impériale, 7.
Serviant et Cie, r. Saint-Pierre, 31.
Strauss, r. des Capucins, 15.
Sublet-Thiers (Vve), r. Poulaillerie, 2.
Turbert (E.), r. Mulet, 5.
Van-Doren-Ducard, pour église, r. Saint-Pierre, 26.

Calicots.

Alix (A.-J.), dépôt de Wesserling, r. Bât-d'Argent, 18.
Aubert et Vincent, r. de l'Impératrice, 36.
Baugier (R.) et Cie, r. Gentil, 10.
Coquard frères, r. St-Pierre, 37.
Cusenier et Gentelet, r. Bât-d'Argent, 9.
Debar (L.), q. de Retz, 6.
Dumas (A.) et Cie, r. Gentil, 4.
Dumoulin, r. Impériale, 15.
Gagnière et Brenant, dépôts de calicots d'Alsace, r. Bât-d'Argent, 1.
Garcin cadet et fils, grande rue Longue, 25.
Hartmann et fils, calicots et coton filés, r. Impériale, 12.
Hébrard, Brunet et Cie, r. Impériale, 11.
Hugon (F.), r. Grenette, 32.
Lataste frères et Cie, r. Centrale, 5.
Million (Aimé) et Cie, calic. d'Alsace, r. de l'Impératrice, 32.
Mequillet, Noblot et Cie, calicots d'Alsace, impression coton, q. de Retz, 16.
Offant, Boisson et Descombes, r. de l'Impératrice, 40.
Perrot et Cie, r. St-Pierre, 35.
Tiran Ribes et Descombes, r. de l'Impératrice, 33.

Casquettes (fab. de).

Arige (B.), r. Tupin, 3.
Aubry (J.-B.), militaire, pl. Grôlier, 3.
Barony (F.), r. Basse-Combalot, 2.
Barony (L.) et Bagiotti, r. Childebert, 5.
Bedini (A.), r. Belle-Cordière, 32.
Chenebrard (C.), r. Impériale, 81.
Del-Greco et Renaud, r. de la Barre 16.
Duchet (P.), galerie de l'Argue, 41.

Fahy père et fils, r. Sala, 54.
Font (J.-A), r. Béchevelin, 4.
François, r. des Marronniers, 9.
Giorgi (A.), r. Moncey, 15.
Jourdan (J.), pl. Napoléon, 7.
Jullien, r. Mercière, 53.
Landy-Robert, r. Stella, 8.
Matteuci (L.), pass. de l'Hôtel-Dieu, 20.
Mazini cadet, cours de Brosses, 2.
Rivier sœurs, passage de l'Argue.
Schavassy (L.), r. de la Reine, 46.

Chapeliers (fab.)

Allemand (J.), fouleur, r. Thomassin, 40.
Amoric (J.), r. Grôlée, 59.
André (F.), r. St-Joseph, 24.
Barony et Biagotti, r. Childebert, 5.
Baton frères, r. Impériale, 44.
Berger (H.), r. du Palais-Grillet, 32.
Blache frères, r. Monsieur 95.
Bonnard, pl. St-Georges, 44.
Bonnard jeune, pl. du Gouvernement, 4.
Bussod, r. Jean-de-Tournes, 5.
Boulliat (C.), r. de Castries, 8.
Caffarel, grande rue de la Guillotière, 29.
Cary, r. Mercière, 27.
Cayet fils, r. Belle-Cordière, 24.
Chanebrard (C.), r. Impériale, 81.
Delseries, r. Ferrandière, 42.
Duclos (J.-B.), r. du Doyenné, 2.
Ducreux (E.), ch. des Etroits, 38.
Durdilly (J.), r. Sala, 56.
Fahy, père et fils, chapeaux sans apprêt, r. Sala, 54.
Gaillard frères, place de l'Hôpital, 1.
Gayet, r. des Deux-Cousins, 2.
Guillaume fils, quai de Bondy, 20.
Jaillet veuve, r. Belle-Cordière, 9.
Jumont, Buer et Cie, pl. Bellecour, 5.
Lablanche ainé et Cie, grande r. de la Guillotière, 47.

Latard-Baton, réparation, r. de la Barre, 12.
Laurès et Cie, r. des Remparts-d'Ainay, 7.
Lonchamp (Ch.), r. Paradis, 2.
Maire et Viornery, r. Thomassin, 20.
Mas et Félizat, r. Ferrandière, 44.
Maublanc (A.), chapeaux souples, r. François-Dauphin, 7.
Moulin (E.), r. de Sèze, 25.
Noyer père et fils, cours Lafayette, 8.
Perbet veuve, r. de Jussieu, 14.
Pillet (J.) et Cie, r. de Jussieu, 21.
Pipon-Faure, pl. Impériale, 55.
Poyard jeune et Echalié, r. de la Barre, 8.
Puthod (J.), r. du Palais-Grillet, 42.
Rivoire (A.) et Roux, r. St-Joseph, 11.
Valette aîné, r. de la Charité, 46.

Chapeliers (marchands).

Abadie-Boggio, Grand'Côte, 86.
Bertrand, r. Louis-le-Grand, 1.
Bésassier, r. de l'Impératrice, 54.
Blanc, r. Petit-David, 4.
Blavet (J.), pl. des Capucins, 1.
Bianchi (A.), r. Pouteau, 23.
Bonnard (J.), cours Lafayette, 5.
Bontemps (R.), Grand'Rue, 171 (Guillotière).
Bonnet et fils, r. Impériale, 64.
Brondelle (J.), Grand'Rue, 2 (Guillotière).
Brosse et Basset, r. St-Côme, 2.
Bruguier (C.), passage de l'Hôtel-Dieu, 49.
Bussod (G.), r. Jean-de-Tournes, 13.
Cady, r. Saint-Jean, 17.
Caltaret, r. Tramassac, 56.
Candy (F.), avenue de Noailles.
Cargiet (J.), r. de la Barre, 14.
Cary (J.), r. Mercière, 27.
Cara (D.), q. de Vaise, 4.
Cartillier (P.), Grand'Côte, 40.
Cau (L.), r. Bourbon, 22.

Chabert fils, r. Laurencin, 2.
Chapuis (D.), r. de Vauban, 41.
Chalon (J.), Grande-Place, 12 (Croix-Rousse).
Charrière (E.), cours Morand, 37.
Chataing (F.), r. du Commerce, 22.
Chataing veuve, r. Impériale 16.
Chaudon (E.), avenue de Saxe, 66.
Chenard frères, r. Voltaire, 24.
Clerc (B.), cours Morand, 18.
Cognat, r. Lafont, 8.
Colomban (A.), q. de la Charité, 34.
Col, r. Lainerie, 1.
Comina, pl. de la Croix-Rousse, 24.
Croc, r. de Chartres, 43.
Denuel, r. St-Joseph, 54.
Desbats, r. Bellevue.
Duchet (J.) fils, galerie de l'Argue, 59.
Duchet père, passage de l'Argue, 41.
Duclos (J.-R.), r. Doyenné, 2.
Dupasquier, q. Saint-Vincent, 54.
Duzas (P.), r. Romarin, 16.
Epalle fils, grande rue de la Croix-Rousse, 2.
Fayard, q. de Vaise, 9.
Felizat (J.), r. de la Barre, 20.
Flachy, r. St-Jean, 46.
Garnier (J.), r. du Mail, 7 (Croix-Rousse.)
Gayet (A.), cours de Brosses, 8.
Genin (E.), r. Montesquieu, 86.
Gilly, (Vve), q. d'Orléans, 6.
Giraud (J.), r. Hippolyte-Flandrin, 1.
Giraud (F.), Grand'Rue, 135 (Guillotière).
Guinet, Grand'Rue, 77 (Guillotière).
Huguenet, passage Couderc, 1.
Hurbin, r. Belle-Cordière, 10.
Isoard-Pélissier, r. St-Dominique, 14.
Jaillet, r. Belle-Cordière, 9.
Jandard (J.-M.), r. des Quatre-Chapeaux, 19.
Lafond (C.), Grand'Rue, 20 (Vaise).
Laurent (J.-L.), r. de l'Impératrice, 91.
Levant, quai Fulchiron, 15.
Llobet fils, r. St-Côme, 7.

Masson, r. Ste-Hélène, 26.
Matteuci, galerie de l'Hôtel-Dieu, 20.
Minet (J.), cours Lafayette, 13.
Moiret (A.), galerie de l'Argue, 74.
Moniot (C.), q. de l'Hôpital, 69.
Montdidier, r. St-Dominique, 1.
Moulet frères, pl. des Terreaux, 5.
Morlon (M.), Grand'Rue, 50 (Croix-Rousse).
Mourrier, r. du Commerce, 32.
Mousset, r. Tramassac, 40.
Musset (B.), r. St-Jean, 68.
Nodin (Vve), r. de l Impératrice, 37.
Pechoux, cours Lafayette, 13.
Perbet (Vve), r. de Jussieu, 6.
Perret (C.), r. Camille-Jordan, 3.
Peyrot frères, r. Impériale, 47.
Planche (C.), pl. St-Clair, 5.
Poyard (J.), r. Saint-Pierre, 19.
Puy (J.), Grand'Rue, 46 (Croix-Rousse).
Quintallet (E.). r. Bourbon, 40.
Reyboz, r. de l'Impératrice, 79.
Richard (P.), r. de Chartres, 101.
Rivier sœurs, galerie de l'Argue.
Roche, r. St-Joseph, 32.
Robin, Grand'Rue, 9 (Croix-Rousse).
Roffat, pl. des Terreaux, 2.
Sanlaville et Cie, r. Ste-Hélène, 24.
Sargnon et André, q. St-Antoine, 6.
Schmit-Doisy, r. Impériale, 7.
Seigle (J.), q. de Vaise.
Serraille (A.), q. de Vaise, 9.
Sosto, r. Belle-Cordière, 6.
Tessier, Grand'Rue, 29 (Guillotière).
Terrillon (C.), Grande Place, 7 (Croix-Rousse).
Torty, cours de Brosses, 7.
Thomasset, q. Pierre-Scize, 106.
Treppoz (A.), cours de Brosses, 4.
Varenne, r. Bourbon, 30.
Varille (J.-B.), r. de la Barre 17.
Viallet (J.), r. Imbert-Colomès, 2.
Vincent (L.), r. Tramassac, 12.

Chapellerie, teinture et apprêt.

Bernard, apprêt et teinture de chapeaux de feutre, r. de Créqui, 40 (Brotteaux).
Bougiraud, r. Monsieur, 50.
Durand, r. de Condé, 44.
Lablanche frères et Brillet, r. Impériale, 83.
Mayoux jeune, grande rue de la Guillotière, 47.
Moyroux et Collomb, r. des Trois-Rois, 15.
Pacalin, grande rue de la Guillotière, 8.
Perrier, q. Fulchiron, 40.

Chapellerie, fournitures.

Aubert et Cie, étoffes, r. Impériale, 22.
Barogy (V.) et Cie., r. des Capucins, 14.
Bayard aîné et fils, r. du Bât-d'Argent, 17, maison à Paris et à St-Etienne.
Bayard (Louis), soieries, r. de l'Impératrice, 100.
Bedini, r. Belle-Cordière, 32.
Bocard, corroierie, maroquinerie, r. Stella, 12.
Bonnamour et Mercier, r. St-Dominique, 14.
Bonnin (V.), rubans et galons, r. de l'Impératrice, 91.
Callamard et Cie, r. de la Barre, 16.
Chandellier (J.-C.), r. Ferrandière, 52.
Chenebrard (C.), r. Impériale, 81.
Dalmais (J.-J.), fabrique de soieries pour chapellerie, spécialité de confection de coiffes ; nouveautés pour chapeaux souples et autres, r. Ste-Catherine, 11.
Delorme (P.), bourdaloues, pl. de l'Impératrice, 9.
Delosme (J.), coiffes et satins, r. Impériale, 37.
Déprez (C.), formes pour la chapellerie, r. Sala, 60.
Digoin (J.-M.), fabrique de coiffes en tous genres, tissus soie et coton, r. des Marronniers, 7.

Durdilly, r. Sala, 56.

Fiasson et Cie, fabrique de bourdaloues, fournitures en tous genres pour chapellerie, r. Centrale, 58, près la pl. de l'Impératrice.

Gayet (G.), coiffes, r. de l'Impératrice, 87.

Genion, formier, r. Monsieur, 93.

Gourd et Pellet, foulards pour doublures, r. Lafont, 10.

Grange, fouleur, pl. Reischtad.

Guieu et Gardon, doreurs, r. Belle-Cordière, 5.

Goux, r. Impériale, 26.

Guinand (C.-J.), matières premières, pl. Bellecour, 17.

Grossat (A.), spécialités de bords et bourdaloues, r. Ste-Elisabeth, 61.

Kuister-Magaron, fabrique de satin pour la chapellerie, coiffes, foulards, florence, bourdaloues, galons, dessous de bord et lustrine, r. du Garet, 4.

Laroue jeune, fabricant de boucles, r. des Marronniers, 7.

Laurès et Cie, coiffes, r. des Remparts-d'Ainay, 7.

Lerocher (A.), fabrique de coiffes, r. St-Dominique, 11.

Lonchamp (C.), r. Paradis, 2.

Massia (J.-E.), galons, r. Confort, 3.

Martin ✻ (J.-B. et P.), peluches pour chapellerie et velours, Londres, 1855, 1re méd. d'honneur, q. de Retz, 3, et à Paris; manufacture à Tarare et à Metz; teinturerie à Roanne.

Mathon (A.), fabricant d'étoffes, r. de la Bourse, 33.

Misset (L.), coiffes, r. du Palais-Grillet, 12.

Mulcey (C.), apprêt de coiffes pour chapeaux, r. Grôlée, 26.

Murat, r. Ferrandière, 34.

Nicolas (Vve A.), r. Impériale, 81.

Pelletier (A.), poils pour chapellerie, pl. Bellecour, 16.

Pipon-Faure, pl. Impériale, 55.

Pitiot (E.) fils et Bugey, matières premières, q. de la Charité, 4.

Rey, formier, r. Tramassac, 38.

Rivoire (A.) et Cie, r. St-Joseph, 15.

Sage (C.), r. Impériale, 75.

Spiess (H.), matières premières pour la chapellerie, r. des Marronniers, 7.

Valansot et Murillon, fabricants de bourdaloues, r. Impériale, 32.

Vilatte et Cie, r. des Capucins, 6.
Vulpillat (P.), soieries, r. Mulet, 12.

Chasubliers.

Chassagnon, r. St-Jean, 70.
De La Rue (D.), successeur de l'ancienne maison Jouve frères, r. de l'Arbre-Sec, 3, maison à Bruxelles.
Fayeton (Mme), broderie or, argent et soie, q. Fulchiron, 2.
Flachon, lingerie pour église, r. St-Jean, 46.
Monteilhet (Vve), r. du Doyenné, 2.
Monteilhet jeune, cuivrerie, vases sacrés, argent et métal, bronzes et lustres, r. de l'Archevêché, 2.
Monteilhet (Vve) et fils, pl. St-Jean, 2.

Chemisiers.

Arnoult et Cie, r. Constantine, 22.
Barnola (D.) fils, r. Impériale, 10.
Billet (F.), r. de la Bourse, 8.
Boulogne, r. Romarin, 29.
Bois-Bongrand, r. de l'Impératrice, 68.
Brébion-Carrier, pl. Sathonay, 5.
Cavaroc (Vve), r. St-Côme, 5.
Chambellan (C.), r. Impériale, 19.
Chavat et Cie, r. Impériale, 43.
Chomat (C.), r. Impériale, 2.
Comberousse (L.), r. Bourbon, 6.
Cussonnet (F.), r. du Plâtre, 3.
Deromieu-Roland, r. St-Côme, 1.
Deprez (J.), r. Lafont, 8.
Dijoud (Mme), r. de l'Impératrice, 33.
Dumoulin, *à la Chemise Lyonnaise*, r. Impériale, 15.
Forest et Cie, r. de l'Impératrice, 39.
Gacon, r. Impériale, 6.
Gauthier aîné et Cie, r. de l'Impératrice, 42.

Giraudier et Cie, r. Tupin, 38.
Hayem aîné, r. St-Pierre, 29.
Jalon, r. des Quatre-Chapeaux, 9.
Jay (A.), r. Impériale, 4.
Jullien fils, r. Centrale, 1.
Lacombe (N.) et Cie, r. Poulaillerie, 1.
Miette (C.), r. Centrale, 56.
Molin (A.), chemises en gros et sur mesures, r. Centrale, 27.
Neyret (J.) et Cie, r. Dubois, 37.
Pitiot, r. St-Pierre, 18.
Prost (Vve), r. Tupin, 15.
Ray aîné, r. des Quatre-Chapeaux, 7.
Rejanin, r. Mercière, 69.
Répécaud (C.), r. de l'Impératrice, 46.
Ruffard (Mme), r. Impériale, 4.
Sermet et Achard, r. de l'Impératrice, 58.
Veillas, passage de l'Argue, 73.
Verdure (L.), apprêteur de chemises neuves, r. Monsieur, 28.
Vaucheret (J.) et Cie, *au Bât-d'Argent*, r. Impériale, 9.

Chenilles (fabricants de).

Allouard (E.), fabrique de chenilles et soieries, r. des Forces, 4.
Bernardin (L.), maison spéciale pour la fabrique des chenilles, résilles et milanaises, une des plus anciennes de Lyon, brevetée s. g. d. g., en France et en Angleterre, montée St-Barthélemy, 26 (*bis*).
Beroud (H.) et Cie, r. Impériale, 36.
Bonnamour aîné, r. de l'Impératrice, 50.
Cornillon et Cie, fabrique de chenilles, coiffures, résilles, ganterie et articles nouveauté, r. de l'Impératrice, 57.
Couder, r. de l'Impératrice, 1.
Curbillon et Cie, r. des Forces, 2.
Delorme (N.), fabrique de chenilles en tous genres, spécialité pour la soierie, r. Grôlée, 16.
Divat-Magdinier, r. de la Bourse, 39.
Ducellier et Gancel jeune, r. Impériale, 11.

Gizon, franges et nouveautés, pl. des Cordeliers, 12.
Grossat (A.), r. Ste-Elisabeth, 61.
Martin, r. Dubois, 11.
Martin frères, r. Constantine, 15.
Mehier (C.) et Cie, r. St-Pierre, 39.
Meyer (J.), r. Mercière, 11.
Pierry, r. Bât-d'Argent, 1.
Poyet (A.) et Cie, résilles, r. Impériale, 15.
Rozier et Héraud, r. Grôlée, 61.
Sonthonnax (L.), r. Centrale, 3.
Thollon et Gay, r. Impériale, 18.
Vachon (A.), r. de l'Impératrice, 27.
Vassel et Crepon, r. de la Plâtière, 9.
Villatte et Cie, r. des Capucins, 6.

Cols-cravates.

Blum (Marix), r. de l'Impératrice, 56.
Bordet (A.) et Duchesne, r. Romarin, 21.
Brun (J.), en crin-soie, r. des Augustins, 1.
Brunswick frères, r. Vaubecour, 6.
Champanhet, q. d'Orléans, 10.
Duhart, r. Impériale, 33.
Dnrieux (L.) et Cie, place des Terreaux, 1.
Falconnier, Celle et Cie, r. Centrale, 14.
Hayem (S.) aîné, *au Phénix*, r. St-Pierre, 29.
Hayem (A.), r. Grenette, 43.
Lacroix-Astier, r. Romarin, 31.
Marix-Picard frères, r. Puits-Gaillot, 9.
Marx-Hirsch et Nachman, r. de l'Impératrice, 87.
Pellet (H.), r. Grenette, 24.
Philippi et Bernard, r. de l'Impératrice, 5.
Saunier et Cie, *aux Deux-Aigles*, r. Impériale, 50.
Varand (Fc), r. Impériale, 65.

Confection d'habillements pour hommes.

Abadie (J.-R.), r. de la Barre, 9.
Alix (J.) Vve, q. de l'Hôpital, 22.
Barbe et Cie, q. de l'Hôpital, 65.
Beaume, Grand'Côte, 11.
Bernard et Vachon, r. Impériale, 61.
Bordesol jeune, r. de Chartres, 7.
Brébion (J.-B.), r. Centrale, 23.
Bruyas (A.), r. Centrale, 21.
Cahn et Isaac, *aux Mousquetaires*, r. de l'Impératrice, 81.
Charbonnier (E.), r. de la Barre, 11.
Colomban (R.), r. de la Barre, 23.
Chastellière, pl. de l'Hôtel-Dieu, 24.
David (A.), maison de gros, q. St-Antoine, 33.
Desinger, q. St-Antoine, 17.
Dufour, r. Impériale, 49.
Emmanuel (J.) et Charles, r. Impériale, 33.
Fenetrier (J.) et Quillon, r. Impériale, 18.
Fénétrier (L.), q. St-Antoine, 18.
Fuchez, marchand tailleur (maison de confiance), vêtements sur mesure, draperies et nouveautés, passage de l'Hôtel-Dieu, 15.
Fonteret, q. de Vaise, 39.
Gaspin (B.), Grand'Rue, 21 (Guillotière).
Girard-Monlor, r. Gasparin, 21.
Gorce (J.), pl. de l'Impératrice, 77.
Grasrichard, q. de Vaise, 17.
Guillon et Cie, *au Petit Bambin*, r. Centrale, 54.
Isidore, Grand'Côte, 27.
Isidore fils, q. St-Antoine, 13.
Jalon, r. des Quatre-Chapeaux, 11.
Jonas-Cerf, r. de la Barre, 24.
Lafont (L.), grande rue, 25 (Guillotière).
Lévy (Bernard) (*Cité Ouvrière*), r. Impériale, 39.
Mazière, r. Centrale, 30.
Montamat, grande rue de la Croix-Rousse, 3.
Moreteau (P.), r. Impériale, 66.

Morcteau aîné, r. Impériale, 24.
Ozier (P.) et Cie, maison de gros, r. de l'Impératrice, 64.
Parissot (P.) et Cie, maison de *la Belle Jardinière*, r. du Plâtre, 2.
Perraud père et fils, r. de la Pyramide, 47.
Picot-Jourdan, pl. Impériale, 44.
Pirod Bouché, pl. Impériale, 42.
Rendu et Viry, q. des Célestins, 8.
Régipas (J.), galerie de l'Argue, 64.
Sacerdote (J.), r. Impériale, 68.
Samson, *à Béranger*, r. Impériale, 30.
Sermet et Achard, maison de gros, r. de l'Impératrice, 58.
Sosto, r. Bourbon, 46.
Thomain (J.), q. des Célestins, 3.
Vernanchet et Charderon, habillements en gros, — *France, Exportation*, pl. Impériale, 51.
Wall Isch, r. Impériale, 52.

Confection pour Dames.

Aillaud de Bornes (Vve), r. Impériale, 36.
Barraud (Mme), r. Impériale, 71.
Berthuin (Vve), r. de l'Impératrice, 73.
Blanchet et Martin, r. Romarin, 16.
Creuzet-Jaudon, r. St-Côme, 8.
Dabonneau, Barrard et Cie, r. Impériale, 31.
Debeauchamp, r. Impériale, 17.
Gacon-Bouvier, r. Dubois, 48.
Gougon (Mme) et Cie, r. Mulet, 10.
Guérard, r. de l'Impératrice, 7.
Hauterive (G.), gros et détail; haute nouveauté de Paris, 500 modèles au choix. Vêtements en tous genres, confectionnés et sur mesure, r. Grenette, 36 (entresol).
Jourdan, r. Impériale, 13.
Lacroix, r. de la Platière, 9.
Longepierre, *au Bébé*, spécialité pour enfants. Haute nouveauté et joli choix de vêtements tout confectionnés pour petits garçons. Pour dames ; robes, confections, jupons et crinolines sur mesure, r. de l'Impératrice, 59.

Longère et Sangouard (Dlles), r. de l'Impératrice, 1.
Mégemond (Mme), *au Manteau Impérial*. Confections pour dames et enfants, gros et détail, r. Centrale, 40.
Miége jeune, nouveautés, r. Centrale, 37.
Mouth et Cie, pl. St-Nizier, 6.
Oderieux (Mme), r. Jean de-Tournes, 10.
Reddet (Mlle), r. de Jarente, 10.
Rigottier (Dlle), côte St-Sébastien, 12.
Royané (S.), spécialité de guipures et dentelles en tous genres, volants, mantelets, pélerines, petites hauteurs pour couturières, en vrai et imitation, r. de l'Impératrice, 7.
Siebenfeifer, *au Cardinal*, r. Centrale, 30.
Tavernier (A.), fabricant de sous-jupes acier, breveté s. g. d. g.; tissus et jupons, r. Impériale, 32; maison à Paris.
Villelongue (J.), r. Impériale, 17.

Corsets (fab. de).

Bajard (M.), r. Neuve, 28.
Beaumont sœurs, r. Mercière, 51.
Bernier (A.), r. Mercière, 40.
Billet (F.), r. de la Bourse, 8.
Blondin, r. de Créqui, 114.
Bobilier (E.), mécaniques pour corsets, r. Bellecordière, 4.
Bois-Bongrand, r. de l'Impératrice, 68.
Borel-Constant, représentant de commerce, pour la baleine de corsets, et la baleine des Indes, la soie de toutes forces, pour corsets, pour les serges ou bordures de corsets communs; dépôt de tissus de Flers, Rouen et Roubaix pour corsets, r. Bellecordière, 4.
Bourdelin (Mme), r. Impériale, 17.
Boziny, r. Childebert, 17.
Brun et Cie, r. Centrale, 44.
Cabanon (Mme), fabrique de corsets, recommande aux dames son nouveau corset-brassière pour enfant. Breveté. Prix : 5 fr. — Elle recommande également ses corsets, dont la coupe et la confection sont des meilleures, ainsi que ses ceintures ventrières en tous genres. — Rue Centrale, 1, l'allée joint l'église St-Nizier.

Chauvet, en tous genres, gros et détail, r. Bourbon, 47.
Chavat et Cie, r. Impériale, 43.
Defarge (Mme), r. Bât-d'Argent, 17.
Degalle, fournitures, r. Grenette, 34.
Des Bruyères (Mlle), r. Tholozan, 14.
Duchamp (Adèle) et Cie, r. Quatre-Chapeaux, 5.
Fabre, à Sans-Souci, chemin des Tournelles.
Fontaine (F.), r. des Capucins, 18.
Gallois (Mme A.), pl. Impériale, 53.
Garnier (Mme), *aux Deux Créoles*, fabrique en tous genres de corsets orthopédiques, corsets ventrières, brassières et ceintures, pl. St-Nizier, 5, angle de la rue Centrale.
Gelet (Mme), r. Hippolyte-Flandrin, 3.
Gely (A.), r. Centrale, 48.
Giraudier et Cie, r. Tupin, 38.
Groche-Ricanet (Mme), venant de Paris, perfectionnement de corsets sans goussets; corsets sans épaulettes, corsets élastiques pour dames enceintes, corsets mécaniques, se desserrant à volonté, corsets pour dissimuler les tailles diformes. Epaulettes pour former la taille des jeunes personnes, etc., à juste prix, r. d'Egypte, 2.
Lambert (Mlle), r. de l'Impératrice, 52.
Lathelize (A.) et Cie, r. Mercière, 90.
Laissu (Mlle), pl. de l'Impératrice, 9.
Martin (A.), r. Centrale, 15.
Martin (Mlle), r. Grenette, 19.
Michaud (Mme), r. Quatre-Chapeaux, 16.
Moretti (Mme), r. St-Pierre, 16.
Moiroud-Brun et Cie, r. Centrale, 23.
Moulin (Mme), r. Pailleron, 8.
Nuer père, Grand'Côte, 122.
Ostermann (L.), r. St-Dominique, 13.
Peysson (Mme), r. Impériale, 28.
Priez (L.) et Prel jeune, fournitures, gr. r. Longue, 9.
Quinet (Mme), r. Hippolyte-Flandrin, 20.
Rejanin, r. Thomassin, 1.
Reymond (Mme), r. Impériale, 58.
Rivoire (Mme), r. Centrale, 40.
Robert (Mlle), r. St-Dominique, 17.
Roget (Mme), r. Thomassin, 5.
Roher (Mlle Pauline), success. de Mme Gobert, fabrique de

corsets orthopédiques et corsets mécaniques. Médaille d'honneur à l'exposition de 1844, pour corsets mécaniques, r. St-Dominique, 13.
Sarcey (Mme), r. Grenette, 36.
Simonnet (Mlle), r. d'Algérie, 23.
Tournier-Bugnot, q. St-Antoine, 15.
Veuillet (Mme J.), r. de l'Impératrice, 100.
Veyrandon (Mlles), cours Morand, 25.

Cotons en bourre et filés.

Arlès-Dufour C. ✻ et Cie, pl. Tholozan, 19; maisons à Paris, Marseille, Londres, Bâle, Zurich et Créfeld.
Arnaud, coton pour mercerie, r. Grenette, 12.
Boissière (A.) et Cie, r. Pizay, 3.
Bouez père et fils, filature et retorderie, dépôt r. Romarin, 33.
Bertrand (C.-H.), r. Tronchet, 41.
Boulachon et Igonnet, filés et retords, q. St-Clair, 16.
Boyeux (S.), r. des Capucins, 6.
Brante (A.) père et fils, cotons filés, pl. des Capucins, 2.
Charmillon-Mayet, r. St-Polycarpe, 6.
Chavassieux, dégraissage de coton, r. de Marseille. 88.
Crépet-Crépet, gérant de la maison Morel, de Paris, cotons simples et retords, glacés noirs et blancs, gazés et laminés, blancs et écrus, laines, r. Romarin. 13.
Créton et Cie, commissionnaires en fantaisie, cotons filés, q. de Retz, 5 ; maison à Paris.
Cusset (G.), cotons lustrés, r. de Sully, 103.
Duparquet (A.), mèches pour chandelles, cité Napoléon.
Dupéray et Cie, laines et fantaisie, petite r. des Feuillants, 2.
Farge jeune, et mercerie, r. Centrale, 50.
Gaillard (G.), cotons filés, pl. Tholozan, 19.
Gaucher (J.), pl. Tholozan, 21 ; maison à St-Etienne.
Horoy (N.), cotons pour mercerie, r. Mulet, 6.
Osmont fils aîné, cotons filés et retords, r. des Capucins, 5.
Paradis (J.) et Cie, laine et soie, r. Vieille-Monnaie, 33.
Pasquet, Knoeri et Cie, laines, r. Vieille-Monnaie, 33.

Perras (E.) et Cie, déchets de coton, q. Pierre-Scize, 67.
Perrin, fab. de cardes, r. Tramassac, 2.
Purpan (F.), cotons cardés, r. Ste-Catherine, 13.
Raffard et Chassignol, r. des Capucins, 25.
Rambaud-Thoral et Sestier, cotons et laines, q. de Retz, 7.
Robert (N.), et laines filées, r. des Capucins, 13.
Scotti (R.) et Chavanes, commissionnaires, q. de Retz, 10.
Vernier (F.), commissionnaire, r. des Capucins, 5.
Vial (C.), cotons filés, r. des Remparts-d'Ainay, 4.
Challiol, glaceur sur cotons, r. Tronchet, 89.

Coupeurs de poils.

Galzin (A.), r. de Chabrol, 27.
Gayet, r. des Deux-Cousins, 2.
Pélissier, à Sans-Souci (Guillotière).
Pitiot fils et Bugey, q. de la Charité, 4.
Vallin, à Monplaisir.

Courtiers en marchandises.

Chabran, q. du Prince-Impérial, 4; boîte pl. des Terreaux, 1.
Delaval (C.), r. Lanterne, 6; boîte pl. des Terreaux, 1.
Durand, q. St-Vincent; boîte pl. des Terreaux, 1.
Froment (A.), syndic, pl. Louis XVI, 18; boîte pl. des Terreaux, 1.
Flandre (B.), à Ecully; boîte au Palais du Commerce.
Lafoy (F.), r. de l'Impératrice, 82; b. pl. des Terreaux, 1.
Nallier (J.), pl. Impératrice, 8; b. au pal. du Commerce.
Palandre, r. Bourbon, 26; boîte pl. des Terreaux, 1.
Reverdet (F.), r. Madame, 43; boîte pl. des Terreaux, 1.
Rousset (F.-J.), r. St-Joseph, 53; boîte pl. des Terreaux, 1.

Couvertures (fabr. et marchands de).

VOYEZ AUSSI LITERIE.

Accary (Vve) et fils, fabricants, r. Centrale, 24.
Bascans-Arguillet, r. Coustou, 5.
Bès (J.-B.), Grand'Rue, 83 (Guillotière).
Boirivant (G.) et fils, fabricants, r. Centrale, 41.
Bremont (H.), r. Childebert, 17.
Cazeneuve et Pradère, r. de Chartres, 10.
Cenas (M.), marchand, r. de l'Impératrice, 56.
Cœur (P.), r. de Chartres, 9.
Collet-Gerier, marchand, r. Mercière, 45.
Demars (J.), r. Mercière, 70.
Derbès, Grand'Rue, 36 (Vaise).
Derville, successeur de Vve Accary, r. Centrale, 24, et r. Mercière, 23.
Desjardins, marchand, r. des Forces, 2.
Dumond (H.), fabr., r. Dubois, 9.
Dutel et Cie, r. Mercière, 12.
Giroud (J.), fabrique, r. de Gadagne, 4.
Hoffmann, marchand, r. Mercière, 92.
Lombard (A.), r. St-Côme, 1.
Maliavin-Bitouzet, marchand, r. Centrale, 17.
Mary (Mme), r. Tupin, 15.
Morin (L.), fabricant, r. Gasparin, 14.
Morin (J.), fabricant de couvertures en tous genres, pl. Neuve-St-Jean, 1, derrière le Palais-de-Justice.
Mignot (P.), pl. du Gouvernement, 4.
Pradère (Vve B.), fabricant, r. de l'Arbre-Sec, 40.
Pradère frères, fabricants, cours de Brosses, 15.
Regny-Josserand, r. Ferrandière, 36, et cours Perrache, 30.
Revol cadet, r. Bellecordière, 26.
Revol et Ville, r. St-Jean, 11.
Rozès, r. Terme, 9.
Thevenin (J.-B.), et ouatés, r. Lafont, 6.
Verne (Vve), r. de l'Oiselière, 13.

Dentelles.

Agnellet frères, représ. par Favre frères, r. Centrale, 33.
Arnoult et Cie, r. St-Pierre, 2.
Baron (Mme), r. de l'Impératrice, 97.
Baudoin (L.), r. Impériale, 58.
Baud (Mme), pl. Bellecour, 7.
Bellet et Guillot, r. Royale, 20.
Berchoux et Cie, r. Centrale, 15.
Berger sœurs, r. de l'Impératrice, 5.
Beyssac aîné, q. de l'Archevêché, 15.
Bonnardel et Boirayon, r. Impériale, 35.
Berliet et Cie, r. Impériale, 5.
Biscornet, r. de l'Impératrice, 32.
Bongiraud (V.), r. Neuve, 26.
Boussuge (A.), q. de Retz, 17.
Boyer (Vve), r. Terme, 18.
Breul et Cie, r. Centrale, 27.
Bruchon et Jacquin, r. Mulet, 18.
Burnier (A.), r. Royale, 19.
Carterade-Dumas, r. St-Joseph, 1.
Champallier (A.), breveté s. g. d. g., fabr., r. du Griffon, 9.
Chapeaux (Mme), tulles et voilettes, r. Royale, 18.
Dethel (Vve), r. Royale, 19.
Dognin ✻ et Cie, r. Puits-Gaillot, 1; fabrique, r. Pelletier, 8 (Croix-Rousse); à Paris, r. du Sentier, 37; à Londres, Cannon-Street, 74 et 75 : à Condrieu et Dieulefit (Drôme).
Dolfus-Moussy et fils, r. Lafont, 10.
Dubied (G.) et Cie, r. de l'Impératrice, 42.
Ferguson (S.) fils, de Cambrai, gr. r. de Feuillants, 6.
Francfort et Elie, r. de l'Impératrice, 74.
Gallice (C.), r. Bât d'Argent, 10.
Gallois et Mériel, dentelles, r. de l'Impératrice, 74.
Garnier (P.) fils, tulles et nouveautés, r. Impériale, 6.
Geay (P.) et Cie, r. Lafont, 22.
Guttin père et fils, frappage de dentelles sur crêpe, mousseline, rubans, florence, gros de Naples, léger, etc., impressions or et argent, application sur toutes sortes d'étoffes légères, chemin de l'Oratoire, 6 (clos Bissardon).

Guyon (Mme), r. Romarin, 33.
Haugé et Vassé, r. de l'Impératrice, 42.
Hébrard, Brunet et Cie, dent. et broderies, r. Impériale, 11.
Hunot, Rivoire et Chermette, r. de l'Impératrice, 35.
Idril, fab. de dentelles et broderies, r. Royale, 27.
Juvenet (H.), r. des Capucins, 24.
Lelarge et Cie, fab. de dentelles noires, r. Terme, 14.
Lepage-Planus, r. de l'Impératrice, 56.
Marion frères, pl. Tholozan, 26.
Pichoz (F.), dentelles, blondes, corbeilles de mariages et trousseaux, r. St-Pierre, 4.
Placet (E.) et Cie, r. Impériale, 6.
Poy-Fourchet (Mme), r. St-Pierre, 13.
Pulliat (J.), imitation, r. Impériale, 5; maison à Paris.
Raffard (E.), fabricant, breveté s. g. d. g., r. Désirée, 2.
Reboul et fils, r. Impériale, 24.
Renoir et Costadeau, r. de l'Impératrice, angle de la r. Bât-d'Argent.
Ribollet-Bauchu, r. de l'Impératrice, 51.
Rippard cousins, r. Grenette, 3.
Roque (C.) et Cie, petite r. des Feuillants, 5.
Roux (E.), r. St-Pierre, 33.
Royané (S.), nansouks, brillantés, bandes, basins, tulles, broderies, imitation, dentelles blondes genres français et anglais, maison à Londres; rideaux, guipures et mousselines, r. de l'Impératrice, 7.
Serviant (F.) et Cie, dentelles, blondes, r. St-Pierre, 31.
Scherer (Mlle), r. de l'Impératrice, 50.
Vachet-Revel (Mme), r. de l'Impératrice, 5.
Verdaulon (Vve) et fils, q. St-Antoine, 36.
Vidalin (Vve) aîné, genre Chantilly, r. du Garet, 6.

Deuil (nouveautés pour).

Arnould et Cie, r. St-Pierre, 2.
Artaud (J.), r. Impériale, 8.
Beysson-Vassel (Mme), r. de l'Impératrice, 55.
Chéreau fils, spécialité de hautes nouveautés pour deuil, cols crêpes, etc. exportation, r. Neuve, 16.

Dabonneau, Barrard et Cie, r. Impériale, 31.
Hodieux et Salvy, maison fondée en 1712, pl. de l'Impératrice, 9.
Lachal-Denis, r. de la Pyramide, 12.
Madiot et Perrod, r. Impériale, 36.
Ponthus (Henry), *au Sablier*, r. de l'Impératrice, 98.
Ravier (J.) et Cie, q. de Retz, 6.
Roux (E.), fabr. de cols de crêpe, manches, parures, voilettes, fantaisie et deuil, r. St-Pierre, 33 et 35.
Royané (S.), achats à la commission, grands choix de cols crêpes, r. de l'Impératrice, 7.

Dorures et enjolivures (fabr. de).

Amy (F.), fabrique de découpures et de diamants, r. de la Martinière, 8.
Barban (J.-V.) et Masson, r. Mercière, 26.
Bonvalot et Ferra, broderies d'église, r. Romarin, 18.
Bosson (F.), r. des Capucins, 19.
Bret (P.), r. Bourbon, 15.
Brunier-Maréchal fils, pour militaires, q. de Retz, 12.
Clémenso (C.) et Cie, r. d'Algérie, 16.
David (J.), r. Vieille-Monnaie, 4.
Degabriel père et fils, Bourgin et Cie, r. Bât-d'Argent, 9.
De La Rue (D.), succ. de l'ancienne maison Jouve frères; soierie et dorures pour ornements d'église, et ameublements, r. de l'Arbre-Sec, 3; maison à Bruxelles, r. Galilée, 15, boulevard de l'Observatoire.
Depagne (Vve), broderies, petite r. des Feuillants, 4.
Delport, paillettes or et argent, Grand'Côte, 77.
Desgrange, fab. de gaze or et argent, r. Bât-d'Argent, 2.
Desjuzeur (A.), q. St-Vincent, 51.
Dime jeune et Cie, r. de la Platière, 12.
Douillet (E.), fab. de bannières d'église, r. Monsieur, 60.
Drevet (P.), pl. de la Miséricorde, 3.
Dumur (Ch.), r. d'Algérie, 22.
Dunand et Cie, r. St-Pierre, 4.
Durret (P.), r. de l'Impératrice, 99.
Dutel et Blancard frères, ornem. d'église, r. du Griffon, 5.

Escoffier (P.) et Cie, r. d'Algérie, 6.
Fichet frères, Muraour et Cie, fab. spéciale de filés or et argent, traits, lames, cannetilles, paillettes, découpures et étoffes brochées, r. Puits-Gaillot, 3.
Frinzine et Duviard-Dime, r. St-Marcel, 23.
Gauthier (A.), et passementerie, r. Constantine, 12.
Gavot (P.), filés or et argent, pl. du Perron, 2.
Géry (C.), r. du Jardin-des-Plantes, 7.
Girerd frères, fab. de dorures et soieries, r. Bât-d'Argent, 12.
Guibout (Jules) et Cie, pl. des Carmélites, 6.
Guillermin, r. St-Pierre, 27.
Henry (A.-C.) et Jouve, ornements d'église, r. du Garet, 3.
Jaillard père et fils, maison fondée en 1768, ornements d'église, tréfilerie et articles militaires, r. Impériale, 12.
Jumont, Buer et Cie, pl. Bellecour, 5.
Lara (J.-B.), pour militaires, r. de l'Impératrice, 105.
Lestra et de Clavières, r. St-Marcel, 30.
Marin, batteur de paillettes, gr. r. de Cuire, 95.
Maugé fils, r. des Capucins, 13.
Morel et Cie, fab. ornements d'église et militaires, r. de l'Impératrice, 9.
Multier et Cie, r. Impériale, 7.
Olivier-St-Cyr, représentant de la maison Truchy et Vaugeois, de Paris, q. de Retz, 16.
Peyrot frères, fab. d'équipem. militaires, r. Impériale, 47.
Picollet (J.) fils et Cie, soies pour dorures et broderies, gr. r. Longue, 20 et 22.
Roche et C. Bony, broderies or et argent, r. Impériale, 2.
Rodes (F.), fab. spéciale de filés or et argent fin, pl. de la Miséricorde, 3.
Seur (P.), r. Dubois, 16.
Siméan et Cie, pour passementerie, pl. Sathonay, 4.
Tarpin père et fils, tréfilerie d'or d'argent; maison à Paris, r. Montmorency, 13; usine à Persan-Beaumont (Seine-et-Oise); r. de l'Impératrice, 37.
Trouillet, paillettes or et argent, r. Imbert-Colomès, 22.
Truchy et Vaugeois, q. de Retz, 16.
Van-Doren et Cie, fab. de gaze, or et argent, r. St-Pierre, 26.
Vizer, fab. de gaze, or et argent, r. Bât-d'Argent, 2.
Vernay-Moulin, r. de l'Impératrice, 1.

Doublures.

VOYEZ ARTICLES DU BEAUJOLAIS.

Drapiers.

Augier (P.) frères et Cie, pl. d'Albon, 4.
Aynard et fils, r. Impériale, 19.
Bonnafay et fils, draperies et nouveautés, r. St-Pierre, 29.
Boucaud et Cie, r. de la Fromagerie, 7.
Bouillot et Rieusset, r. Bât-d'Argent, 2.
Bourret, Bouvier, Testanière et Vigne, r. Bât-d'Argent, 11.
Charrin et Cie, draperies et soieries, r. Centrale, 11 ; comptoir à Alexandrie (Égypte).
Combrichon (A.) jeune, r. Grenette, 4.
Courcy (L.), pour chaussures, r. de l'Impératrice, 55.
Darchet, r. Mercière, 32.
Darnat (F.) et Cie, draperies et nouveautés, r. de l'Impératrice, 19.
De Saint-Jean frères, r. Dubois, 4.
De Saint-Jean et Cie, r. de l'Impératrice, 46.
De Saint-Jean-Vadon, r. Dubois, 15.
Dubœuf (J.-B.), spécialité pour le clergé et la magistrature, r. St-Jean, 48.
Dreyfus (C.), r. de l'Impératrice, 60.
Gayet, Gourd et Cie, draperies et nouveautés, r. Centrale, 6.
Genin aîné et Cie, nouv. et lainage, noir, r. Mercière, 64.
Grobon (J.) aîné et Cie, r. St-Pierre, 39.
Huit-Fidor et Vincent, pl. d'Albon, 4.
Lambert (B.) aîné et Cie, r. St-Pierre, 26.
Larbanet-Lacroix, r. Dubois, 3.
Laroque aîné et Cie, r. de la Fromagerie, 3.
Lombard, Sofferand et Chapoton, r. Grenette, 21.
Perrachon (V.), r. St-Pierre, 21.
Pichot jeune et Cie, et nouveautés, r. de la Fromagerie, 9.
Pouget et Bertrand, r. de l'Impératrice, 19.
Reynaud et Cie, r. Centrale, 18.

Ribaud et Roudet, r. de l'Impératrice, 38.
Souvras, Chevalon, Vigne et Cie, ancienne maison Degasches, r. du Plâtre, 8.
Talon fils et Cie, soieries et nouv., r. de l'Impératrice, 62.
Touni (A.), r. Centrale, 10.
Tournissoud, Monternod et Mayen, r. Quatre-Chapeaux, 1.
Vernay, Brachet et Cie, r. Centrale, 22.
Villaret et Cie, et nouv., r. Tupin, 38, et r. Impériale, 33.
Wormser, drapier, r. Impériale, 87.

Coupons de draps.

Clauri (Vve V.), coupons de drap, r. Ferrandière, 28.
Collomb (Vve), coupons de drap, r. Luizerne, 5.
Debouttière (Mlle), r. Valfinière, 3.
Labit, r. Valfinière, 2.
Rossi (Vve), coupons de drap, q. de l'Hôpital, 10.
Schweiser (H.), r. Luizerne, 4.
Supery (F.), morceaux de drap, r. Luizerne, 3.

Fleurs artificielles (fab. de).

Albran (Mme), r. Mercière, 90.
Annequin (B.) et Tixier, r. Centrale, 35.
Ayné (Mlle), à façon, r. Tupin, 8.
Bertrand (Mlle), r. de l'Impératrice, 75.
Bleton (J.), Grand'Côte, 114.
Bouchardier sœurs, fleurs et plumes de Paris, parures de mariées, coiffures de bals, fleurs d'église, fleurs pour vases et décorations, panaches pour dais, r. St-Pierre, 31.
Boudet (Mme), r. Impériale, 30.
Bouvagnier, gr. r. de la Croix-Rousse, 59.
Brun (J.), r. des Augustins, 1.
Calley (Mme), r. St-Pierre, 26.
Castel sœurs, r. St-Pierre, 20.
Chagot aîné, représenté par V. Pagès, r. Centrale, 33.
Chassignol (F.), r. Neuve, 12.
Combalot, r. St-Pierre, 35.

Combanayre (P.-A.), r. Vendôme, 82.
Combet (Vve), fleurs pour tombeaux, chemin de Loyasse, 5.
Coste (Mme), à façon, r. Mulet, 10.
Cros et Saunier, r. des Forces, 3.
Detallancourt (Mme), fleurs blanches, r. Impériale, 42.
Fleury (E.) Lhomer et Cie, r. Impériale, 24.
Fontaine et Detours, r. Lanterne, 9.
Forest (Mme), à façon, r. Thomassin, 34.
Fugier-Breton, r. Tramassac, 4.
Garnier fils et Marietton, r. Constantine, 22.
Geille et Cie, r. Constantine, 16.
Girard-Palley, r. de la Loge, 4.
Girard (J.) et fils, deuil, r. de la Préfecture, 9.
Grept fils, Grand'Rue, 75 (Guillotière).
James (Mlles) sœurs, successeurs, ancienne maison Pélon, *fabrique* de fournitures pour fleurs, assortiment complet de fleurs fines de Paris, fournitures pour fleurs fines et ordinaires, r. de la Platière, 9.
Joanin et Julien, r. St-Côme, 3.
Jubin (N.), r. Grenette, 43.
Lang et Cie, r. Grenette, 13.
Langlois (Mme), fabrique spéciale de fleurs artificielles, couronnes d'immortelles de perles et toiles cirées, gros et détail, immortelles en caisses, passage de l'Hôtel-Dieu, 45.
Liebelin (Mlle), r. Bourbon, 46.
Manissier (Mlle), r. St-Pierre, 23.
Mayoux-Morel, r. Mercière, 51.
Merlanchon (P.), spécialité mortuaire, cours de Brosses, 9.
Mollier (Mme), r. Hippolyte-Flandrin, 13.
Morot-Desous, r. de Chartres, 24.
Naudron (Vve), r. Neuve, 30.
Nigay (Mme), à façon, r. Ferrandière, 44.
Nicolardot, à façon, r. Tramassac, 21.
Paturel (Mlle), q. de Retz, 25.
Picollet (A.), r. Bât-d'Argent, 1.
Perriod (H.) aîné, r. Centrale, 32.
Piflady-Berne, r. Grenette, 10.
Poncet (J.), montée de la Grand'Côte, 24.
Raphanel-Metrat, pl. d'Albon, 2.
Raymondi sœurs, r. de l'Impératrice, 94.
Reboulet fils, r. Impériale, 24.

Rivière (L.) et Cie, r. Mercière, 58.
Rouvière (F.-E.), r. Mercière, 42.
Tailland (J.-M.), r. Hippolyte-Flandrin, 1.

Fleurs (fournitures et apprêts pour).

Alix-Thurel, r. St-Côme, 3.
Castel sœurs, r. St-Pierre, 20.
Chalandon et Fonteret (Mmes), r. du Plâtre, 9.
Combalot, perles d'Allemagne et de Venise, r. St-Pierre, 35.
Desgrange (Mlle), r. Bât-d'Argent, 2.
Galley (Mme), r. St-Pierre, 26.
Geille et Cie, r. Constantine, 16.
Girard-Pallay, r. de la Loge, 4.
James sœurs, r. de la Platière, 9.
Kuister-Margaron, fabrique de soieries pour mode et fleurs, tarlatanes, gaze argentine et Dona-Maria, r. du Garet, 4.
Piffady-Berne, r. Grenette, 10.
Rivière (L.) et Cie, r. Mercière, 58.
Salomon (Jh.), fab. de gazes, r. Pizay, 5.
Thurel, r. St-Côme, 3.
Voyant (C.), r. de l'Impératrice, 57 ; maison à Paris.

Ganterie de tissus.

VOYEZ BONNETIERS.

Guêtres (fabr. de).

Sassot, fabrique spéciale de guêtres en tous genres, grand assortiment de guêtres de fantaisie et de chasse, nouveau système, pour dames et enfants, pour livrées, pensionnats et colléges, r. St-Pierre, 20, allée de l'homme d'Ozier. *Nota.* On se charge de faire les guêtres assorties au pantalon.

Lacets et cordons (fabr. de).

Boffard (B.) et Cie, fabr. q. de Retz, 12.
Bonnamour aîné, fabr., r. de l'Impératrice, 50.
Bonnamour jeune, marchand, r. Grenette, 23.
Chabrier et Liénard, r. Centrale, 33.
Cheynet et Christophe, fabrique de lacets en tous genres, tresses ordinaires, milanaises, laine et alpaga, lacets pour corsets, caoutchouc, etc., cordons ordinaires et carrés, soutaches nouveautés, etc., spécialité pour chaussure, système breveté s. g. d. g., r. Malesherbes, 2.
Favre aîné et fils, marchand, r. Grenette, 4.
Rochard-Corcelette, marchand, r. de la Poulaillerie, 6.

Laines et fantaisies filées (filateurs et marchands).

Aubert et Cie, laines filées à tricoter, r. de l'Impératrice, 87.
Augier (D.), laines filées, r. Childebert, 5.
Boissière (A.) et Cie, de Roubaix, r. Pizay, 3.
Boulachon et Igonnet, laines anglaises et autres, q. St-Clair, 16.
Bouez père et fils, r. Puits-Gaillot, 1.
Boyeux (S.), r. des Capucins, 6.
Brante père et fils, pl. des Capucins, 2.
Brès (F.), déchets, r. Bugeaud, 50.
Charmillon-Maillet, r. Rozier, 6.
Créton et Cie, laines, cotons filés et fantaisies, q. de Retz, 4, maison à Paris.
Dailly et Ferret, q. de l Hôpital, 8.
Dobler, Warnery et Morlot, déchets de soies, q. St-Clair, 14.
Dubessy (B.), laines filées, r. Neuve, 10.
Forrer et Vernier, r. Bât-d'Argent, 17.
Franc (A.), père et fils, et Martelin, filatures de fantaisies soie, schappe, à St-Rambert (Ain), r. Neuve, 7.
François frères, laines en tous genres, q. Castellane, 11.
Gaillard (G.), laines, r. Tholozan, 19.

Grandjanny père et fils, r. Impériale, 32.
Gauthier, r. Ferrandière, 21.
Guillermet et Cie, cours Lafayette, 7, et r. de Vauban, 6.
Horoy (N.), à tricoter, r. Mulet, 6.
Laresse (Ch.) et Cie, manufacture de fleurets pour passementeries, laines et soies filées, fantaisies, bourre de soie cardée ou non, r. St-Jean, 68.
Mignot (P.), pl. du Gouvernement, 4.
Million (A.) et Cie, filateurs, avenue de Noailles, 44.
Millot et Cie, r. Impériale, 79.
Olph-Gaillard (L.) et Cie, laines, pl. des Capucins, 3.
Osmont fils aîné, fantaisie, r. des Capucins, 5.
Paradis (J.) et Cie, vente et achats, r. Vieille-Monnaie, 33.
Pasquet, Knœri et Cie, commissionnaires en laines, r. Vieille-Monnaie, 33.
Pichon jeune, ancienne maison Blanc-Desprez, laines filées en tous genres pour tricots, broderie et bonneterie, r. St-Pierre, 27.
Plasse et Chavany, Grand'Rue, 15 (Guillotière).
Pontal, q. St-Vincent, 46.
Popelin (J.), laines à matelas, r. Neuve, 5.
Prat-Salle, filature, r. Ferrandière, 27.
Rambaud-Thoral et Sestier, q. de Retz, 7.
Robert (N.), laines et bourre de soie filée, r. des Capucins, 13.
Scotti (R.) et Chavanes, commissionnaires, q. de Retz, 10.

Lainages et nouveautés en gros.

Aubert et Vincent, r. de l'Impératrice, 38.
Baugier (R.) et Cie, r. Gentil, 10.
Benjamin et Constant, nouveautés, r. Centrale, 20.
Bouillod, Seurre et Granjon, châles et soieries, r. Bât-d'Argent, 1.
Compagnie anglaise, succursale, r. Royale, 2.
Crétinon-Ricard, Belmont et Cie, châles et articles anglais, r. des Capucins, 23.
Cusenier et Gentelet, r. Bât-d'Argent, 9.
Cuvillier et Cie, r. de l'Impératrice, 49.

Desguers (E.) et Cie, r. de l'Impératrice, 25.
Décrand et Cie, r. de la Fromagerie, 5.
Delore (F.) et Cie, tissus anglais, r. Gentil, 17.
Devilliers et Cie, châles, r. St-Pierre, 28.
Empaire ✻ (Vve) et fils, nouveautés, r. Impériale, 22.
Guillermet, David et Cie, châles, r. Impériale, 27.
Jaquemet (J.-H.) et Cie, r. de l'Impératrice, 45.
Lacroix et Cie, place St-Nizier, 5.
Lanfrey, Masseran et Amy, châles, lainages et nouveautés pour robes en gros, pl. St-Nizier, 5.
Lévy (Lopold), gros et détail, q. St-Antoine, 29.
Michel et Reboux, r. Grenette, 23.
Mollard jeune et Cie, r. Grenette, 4, et r. Mercière, 35.
Molin et Riche, r. de l'Impératrice, 25.
Magnan et Faure, r. de l'Impératrice, 40.
Mouth et Cie, gros et détail, pl. St-Nizier, 6.

Laines, canevas et tapisserie.

Aubert et Cie, maison de gros, r. de l'Impératrice, 87.
Augier (D.), maison de gros, r. Childebert, 5.
Badiou (Dlle), r. Bourbon, 11.
Ballet (Dlle), r. de l'Impératrice, 59.
Barange (Vve), r. Impériale, 45.
Berger (Mme), r. de l'Impératrice, 29.
Chorel et Aujogue (Mmes), r. Impériale, 11.
Condamin (J.), r. Impériale, 5.
Curtet et Hyver, r. de Chartres, 20.
Domenget (P.), r. Impériale, 26.
Dugoujon (Mme), r. de l'Impératrice, 56.
Gonthier, r. Ferrandière, 21.
Maréchal (Mme), r. de l'Impératrice, 32.
Millot et Cie, maison de gros, r. Impériale, 79.
Myon (J.), pl. de l'Impératrice, 7.
Pichon (jeune), ancienne maison Blanc-Desprez, laines filées en tous genres pour tricots, broderie et bonneterie, r. St-Pierre, 27.
Poy-Liénard (Mmes), r. Impériale, 18.
Prat-Salle, maison de gros, r. Ferrandière, 27.

Raginel (M.), r. Centrale, 48.
Revol (Dlle), r. Impériale, 63.
Ribolet-Bauchu (Vve), r. de l'Impératrice, 49.

Lingerie confectionnée.

Baudouin (L.), r. Impériale, 58.
Bois-Bongrand, r. de l'Impératrice, 68.
Charavay-Genevey, r. de la Monnaie, 2.
Chassignol (F.), r. Neuve, 12.
Chereau fils, pour deuil, r. Neuve, 16.
Choisnet (Mme), r. Impériale, 45.
Dabonneau, Barrard et Cie, r. Impériale, 31.
Finand-Bony (Vve), r. de la Poulaillerie, 22.
Goujon (P.) et Cie, r. de l'Impératrice, 49.
Hunot, Rivoire et Chermette, r. de l'Impératrice, 35.
Laprévotte frères et Cie, r. Impériale, 11.
Lepage-Planus, r. de l'Impératrice, 56.
Perrache-Perrin, r. Impériale, 11.
Pichoz (P.), r. St-Pierre, 4 ; maison à Marseille.
Roux (Ernest), articles de deuil, r. St-Pierre, 33.
Royané (S.), r. de l'Impératrice, 7.
Serviant et Cie, r. St-Pierre, 31.
Simonin et Jounoud, pl. des Célestins, 10.
Tavernier (A.), r. Impériale, 32 ; maison à Paris.
Vaucheret, *Au Bât d'Argent*, r. Impériale, 9.

Literie.

Bascans-Arguillet, r. Coustou, 5.
Bouvier (A.), q. de l'Hôpital, 36.
Buisson (P.), q. des Célestins, 11.
Bussac (J.) fils. épuration r. Vaubecour, 10.
Buisson aîné (Vve), r. Terme, 8.
Cénas (C.), r. de l'Impératrice, 56.
Collet-Gerrier, r. Mercière, 45.
Démars (J.-B.), r. Mercière, 70.

Derville, successeur de Vve Accary, fabrique de couvertures, confection de tous objets de literie, lits en fer et sommiers en tous genres, r. Centrale, 24, et r. Mercière, 23.
Dutel, couvertures, r. Mercière, 12.
Ferrand et Cie, pl. de l'Hôtel-Dieu, 35.
Feriaud et Cie, r. de l'Impératrice, 100.
Guillot fils aîné, q. des Célestins, 5.
Kauffmann, r. Mercière, 92.
Koster (G.), r. St-Joseph, 29.
Laguaite et Cie, r. de l'Impératrice, 97.
Laurent (J.), q. St-Antoine, 19.
Lombard (A.), r. St-Côme, 1.
Malivin-Bitouzet, r. Centrale, 17.
Pelissier-Dumoulin, r. Hippolyte-Flandrin, 2.
Piffady, q. d'Orléans, 12.
Rodary (J.), r. Grenette, 1.
Tivolle (J.), q. Castellane, 30.
Tranchand fils, q. d'Orléans, 11.
Trillat, spécialité pour l'assainissement de la literie infectée par les vers, les miasmes et les odeurs nuisibles, salubrité parfaite. Cette maison, établie sous l'enseigne du *Signe de la Croix*, a été fondée en 1830, r. St-Jean, 1.
Vallernaud, q. de la Charité, 2.
Vernin (A.), q. de l'Hôpital, 37.

Mercerie en gros et quincaillerie fine.

Arnaud (J.), r. Grenette, 12.
Aroud, Thivy et Bonnot, r. Bât-d'Argent, 3.
Assada neveu, r. Jean de-Tournes, 12.
Benoist (H.), ancienne maison Benoist, frère et sœur, mercerie, soie à coudre, boutons en tous genres, articles de Paris, passementerie, velours et galons, r. Mercière, 53; maison d'achat, r. de l'Échiquier, 17, Paris.
Billaz (A.), r. Tupin, 9.
Bonvallet (A.), r. Grenette, 35.
Boucher aîné, r. de l'Impératrice, 29.
Boudillon (L.), r. de l'Impératrice, 34.

Burtin (Dlles), Juif et Cie, pl. St-Pierre, 23.
Calva fils, dépôt de l'aiguillerie de Teste (T.) et Cie, de Vaise, r. Centrale, 38.
Chabert, Berger et Canton, rue Mercière, 44.
Chabrier et Liénard, rue Centrale, 33.
Comte-Ninet, r. Centrale, 45.
Crevat jeune et Fray (S.), r. Tupin, 35.
Delay et Bouchu, r. Mercière, 43.
Dervieux jeune, r. Mercière, 20.
Dupuit (E.), r. Mercière, 46.
Favier (J.), r. Thomassin, 5.
Fourret (E.), r. Impériale, 30.
Fournet (J.), r. Centrale, 46.
Fournier aîné et Cie, r. de l'Impératrice, 68.
Fugit frères et sœurs, r. Lanterne, 2.
Futin, r. Mercière, 30.
Gaynon et Cie, r. Mercière, 26.
Georges (L.), r. Centrale, 21.
Girard (J.) fils, r. de la Préfecture, 9.
Goiffon (L.) et Cie, r. Mercière, 54.
Grandjanin-Fournier, r. Grenette, 10.
Guillaume (S.), r. Mercière, 64.
Husson et Cie, r. Centrale, 32.
Levrat (V.), r. Centrale, 44.
Magniny-Piccotin, r. de l'Impératrice, 64.
Malignon et Cie, dépôt de laine et coton à tricoter, r. des Archers, 1.
Maureau (P.), r. de l'Impératrice, 46.
Mayet, r. Mercière, 50.
Mazoyer fils, r. Mercière, 57.
Menu et Claret, r. et palais de la Bourse.
Mignot-Drevet, r. du Palais-Grillet, 46.
Noailles (L.), r. Mercière, 64.
Nevière-Chatelard, r. Centrale, 7.
Nevière (G.) jeune, r. de la Poulaillerie, 9.
Pagnon (R.), r. Centrale, 27.
Perret jeune, maison de gros, r. des Forces, 4.
Piquet (J.), mercerie et quincaillerie, r. de l'Impératrice, 60.
Prud'homme fils, quincaillerie, r. Mercière, 66.
Renaud-Gros, r. Thomassin, 38.

Ronzon (H.), r. Mercière, 5.
Rousselon, frères, r. Impériale, 39.
Sullice frères et Favre, pl. des Cordeliers, 12.
Surrel, r. Mercière, 25.
Teillard jeune, r. Grenette, 4.
Valette (P.-F.), r. Tupin, 11.
Viallet et Bailly, r. Centrale, 25.
Viennet-Deyrieux, pl. de l'Impératrice, 9.
Vigouroux jeune, agent de manufactures françaises et étrangères, expédition générale à provision, pl. Tholozan, 18.

Mercerie en détail.

Achild, r. Mercière, 22.
Allard-Latour, avenue de Noailles, 65.
Audet (Mlle), r. St-Jean, 6.
Bacot, r. des Remparts-d'Ainay, 11.
Badin (J.), r. Ste-Hélène, 34.
Badiou sœurs, r. Bourbon, 11.
Badaroux (Mme), r. de Chartres, 11.
Baillivy, pl. St-Clair, 4.
Bailly (Mlle), avenue de Noailles, 46.
Ballet (Mlle), r. de l'Impératrice, 59.
Balvay-Thevenon, r. Childebert, 23.
Bandier (Vve T.), pl. Napoléon, 14.
Barbier (Mme), r. de Fargues, 1.
Barolat (A.), r. du Doyenné, 2.
Barras (Vve), r. St-Joseph, 11.
Barvet fils, r. Centrale, 33.
Barvet (Mme), r. de la Préfecture, 4.
Bassereau, r. St-Jean, 41.
Bénière (Mlle), r. de la Charité, 46.
Berger (Mme), r. du Jardin-des-Plantes, 4.
Berger (A.), cours Morand, 1.
Bernard (J.), r. de la Bourse, 45.
Bernard (Mme), r. de Marseille, 27.
Bérodier (C.), Grand Rue, 58 (Croix-Rousse).
Berthaud (Mlle), r. de Trion, 29.

Berthet (Mlle), pl. des Cordeliers, 6.
Bertrand (Vve), r. de l'Impératrice, 5.
Bertrand (F.), gr. r. de Vaise, 35.
Billon (J.), r. de la Bourse, 55.
Blanc (Mme), r. Tholozan, 2.
Blanchard (Mme), r. Madame, 39.
Bodin (J.), cours Morand, 2.
Bonifay (A.), Grand'Rue, 39 (Guillotière).
Bonnard (J.-F.), Grand'Côte, 99.
Bonnaviat, Grand'Côte, 7.
Bonnet, r. de la Charité, 9.
Bonnichon (Mlle) aînée, r. Confort, 16.
Bordeaux (Mlle), r. Bourbon, 37.
Borgeay (P.), Grand'Rue, 2 (Guillotière).
Borne (Mlle), r. Royale, 14.
Boulliat (J.), r. Vaubecour, 14.
Boudillon, avenue de Saxe, 82.
Bourdeyron-Debauchamp, r. Tupin, 1.
Bourdin (J.), r. Lanterne, 16.
Bouvier, cours Morand, 31.
Brison (J.), Grand'Rue, 126 (Guillotière).
Bronn (J.-M.), avenue de Saxe, 90.
Brun (J.), r. Vendôme, 138.
Brunot (J.), r. de la Barre, 8.
Budillon (L.), r. de l'Impératrice, 34.
Burtin, Juif et Laroche (Mlle), r. St-Pierre, 23.
Burty (F.), r. des Macchabées, 60.
Buttin (Vve), Grand'Rue, 140 (Guillotière).
Cagnin (J.), Grand'Côte, 96.
Camaud (P.), r. Grôlée, 31.
Campagna (Mlle), q. de Vaise, 18.
Carel (A.), cours Lafayette, 6.
Carlin, r. de Marseille, 1.
Caron (Mlle), r. de la Préfecture, 6.
Casanova, r. de la Tête-d'Or, 77.
Cassagne, pl. Impériale, 42.
Cenas, pl. Forest.
Chaland, r. Bourbon, 52.
Chamas (Mme), r. d'Algérie, 22.
Chanal, r. des Macchabées, 7.
Chanal (Mme), montée des Carmélites, 1.

Chanay (F.), Grand'Côte, 65.
Charavay (Mme), r. Godefroy, 20.
Chardon, r. Sala, 44.
Chausson (P.), r. de la Pyramide, 37.
Cheneaux (Mlle), r. Vieille-Monnaie, 25.
Chevallier (Mme), cours Vitton, 2.
Coignet (Mlle), pl. Morel, 8.
Collomb (Mme), r. des Capucins, 3.
Commissaire (S.), r. Bodin, 5.
Comte-Reculon (Vve), r. du Plat, 4.
Comtesse (Mme), r. Vendôme, 58.
Corand (Mme), r. Ste-Hélène, 23.
Corday (J.), r. Madame, 20.
Corsat (J.), r. Duguesclin, 138.
Cottet, r. Grenette, 9.
Cottin (J.-B.), r. St-Vincent-de-Paul, 9.
Couture, r. Bourbon, 36.
Crozier (P.), r. de Trion, 84.
Crétinon (Mlle), r. des Farges, 49.
Curtet et Hyver, r. de Chartres, 20.
Dalger (J.), pl. Croix-Pâquet, 1.
Dannerolle (Mlle), r. du Garet, 18.
David (J.), Grand'Rue, 61 (Croix-Rousse).
Deguillin (Mlle), cours Vitton, 62.
Delfis (J.), r. du Plat, 18.
Delhopital, q. Fulchiron, 1.
Denuzière, r. du Plat, 20.
Derieux, gr. r. de Cuire, 6.
Deromaz (M.), r. Mercière, 30.
Dès-Bruyère (Mlle), rue Tholozan, 14.
Dervieux jeune, r. Mercière, 20.
Desous, gr. r. de la Guillotière, 33.
Devaux (Mlle), r. St-Jean, 42.
Doucet, r. Mercière, 68.
Drevet (L.), r. Madame, 43.
Drumer (Mme), cours de Brosses, 1.
Druz (F.), montée St-Sébastien, 22.
Dubois (P.), r. Rivet, 12.
Duc (J.), r. Madame, 174.
Duchamp fils, r. Romarin, 20.
Dubost (Mme), r. de l'Impératrice, 98.

Dubouclier (Mlle), r, St-Joseph, 37.
Ducret, r. Madame, 37.
Ducreux (A.), cours Napoléon, 34.
Dufay (J.), r. Bourbon, 34.
Dufoy, r. du Plâtre, 7.
Dumas (Mme), r. Bourbon, 17.
Dumas (Mlle), pl. St-Jean, 1.
Dumas (A.), q. de la Charité, 26.
Dumas (P.), r. Vaubecour, 45.
Dunet (Vve), r. Terme, 19.
Dupéray jeune, pl. Croix-Pâquet, 4.
Dupoizat, r. de Trion, 73.
Dupuy (Elie), r. Mercière, 46.
Dupré (D.), r. de Chartres, 94.
Durand (Mme), r. Neuve, 6.
Duret (F.), r. de la Fromagerie, 14.
Durieux (Mlle), r. de l'Impératrice, 50.
Escoiffier (Mlle), r. de l'Annonciade, 20.
Fargeot, r. Hippolyte-Flandrin, 15.
Fauché (B.), r. St-Joseph, 28.
Favre (C.), q. de Serin, 5.
Faure (F.), r. Cuvier, 12.
Favier-Martinet, gr. r. de Vaise, 6.
Fine, r. Romarin, 23.
Flachard, Grand'Côte, 24.
Font (Mlle), r. Terme, 29.
Fore (Vve), r. St-Côme, 1.
Fosse-Perrier, r. Grôlée, 33.
Francillon, r. Romarin, 2.
Franck (F.), r. Lanterne, 3.
Françon (Mlle), pl. St-Clair, 5.
Fraque (Mme), r. de la Bourse, 10.
Frédéric, r. de Marignan, 10.
Fréry (J.), r. Confort, 13.
Froget (E.), pl. du Change, 1.
Fromantin, r. des Remparts d'Ainay, 29.
Fuchy (Eve), pl. Impériale, 55.
Fugit frères et sœurs, r. Lanterne, 2.
Gacon, pl. du Petit-Change, 2.
Garin-Chevillard, r. St-Pierre, 25.

Gauthier (J.), r. de Chartres, 73.
Gilbertier, r. de Chartres, 17.
Girard (Mme), r. Imbert-Colomès, 11.
Giroud (Vve), pl. du Perron, 1.
Goguet (Mlle), r. Grôlée, 20.
Gouilloux (J.), r. de Sèze, 5.
Grandjanin-Fournier, r. Grenette, 10.
Granjon, r. du Mail, 7.
Griffon (Mlle), r. St-Nizier 8.
Grobon (J.), cours Vitton, 44.
Gros (Vve), r. de Condé, 34.
Grosset (C.), r. Masséna, 38.
Grosset (Mlle), r. Grôlée, 15.
Guilland (Mme), r. Ste-Hélène, 33.
Guille et Rey, r. Imbert-Colomès, 22.
Guillermain, r. Madame, 26.
Guiot (Mlle), r. Pouteau, 11.
Guyon (Mme), r. Romarin, 33.
Hébrard (F.), r. de Chartres, 16.
Hérard (A). pl. Bellecour, 8.
Héraut (Mme), r. du Plat, 12.
Héritier (J.), Grande-Place, 18 (Croix-Rousse).
Jacob (N.), Grande-Place, 17 (Croix-Rousse).
Jaméton (Mlle), r. des Farges, 8.
Janin (Mlle), r. du Marché, 4.
Jarian (Mlle), montée du Chemin-Neuf, 10.
Jonnard (L.), r. du Mail, 35.
Joubert (J.), r. de la Madeleine, 24.
Jourdan-Duport (Mme), r. Bourbon, 1.
Jubié (A.), r. Impériale, 87.
Kagi (H.), r. Servient, 26.
Labre (Vve), r. de Marseille, 5.
Laforest (Mme), r. St-Jean, 23.
Lardin (P.-M.), pl. des Cordeliers, 4.
Lapierre (Mme), r. Centrale, 29.
Large (Mme), pl. de la Miséricorde, 3.
Larivoire, q. de Bondy, 6.
Latreille (Mme), r. de la Quarantaine, 48.
Laurin, r. du Commerce, 35.
Lepinat, gr. r. de la Guillotière, 85.
Lehmann (Mlle), r. Louis-le-Grand, 2.

Lenoir (Mme), r. François-Dauphin, 13.
Levret (A.), cours Morand, 16.
Lhôpital (J.), q. Fulchiron, 1.
Loury (L.), cours Moraand, 27.
Maclet (J.), r. Monsieur, 112.
Magnard (Vve), cours Lafayette, 12.
Macond, r. Impériale, 6.
Madinier, pl. d'Ainay, 1.
Maigre, r. St-Joseph, 62.
Mairesse (F.), r. Impériale, 26.
Maillard (Mlle), r. de l'Impératrice, 100.
Maisoneuve, cours Lafayette, 101.
Margard, r. Lanterne, 10.
Martouret, r. Hippolyte-Flandrin, 9.
Matray-Chetaille, r. Vieille-Monnaie, 15.
Marmonier (L.), r. Ste-Elisabeth, 65.
Martin (F.), r. de Chabrol, 21.
Martin (Mlle), r. de l'Impératrice, 65.
Marturier (Mlle), r. de Flesselles, 22.
Mas, r. du Chapeaux-Rouge, 19.
Mathieu, r. Cavenne, 13.
Mayoux (J.), r. des Macchabées, 94.
Cicéron (Mlle F.), r. des Capucins, 6.
Mercier (Vve), r. de Trion, 64.
Mielly, r. Vaubecour, 13.
Mestrallet (Vve), r. Montebello, 12.
Meyer (A.), r. Malesherbes, 34.
Meyré, petite r. Longue, 11.
Michaud (F.), r. Moncey, 32.
Mignod, r. Grôlée, 53.
Mignot-Drevet, r. Palais-Grillet, 46.
Mollard (Vve), r. du Garet, 9.
Molmeret, r. St-Jean, 15.
Monchallin, cours des Chartreux, 3.
Moncorgé-Rouillet (Mme), r. Jean-de-Tournes, 14.
Morin, r. du Mont-d'Or, 21.
Monlor (J.), r. Constantine, 1.
Montagnier, r. St-Joseph, 32.
Montet, r. Laurencin, 3.
Moreau (C.), cours Morand, 10.
Morel (Vve), Grand'Rue, 35 (Vaise).

Morel (J.), r. St-Georges, 40.
Morel, Grand'Rue, 16 (Croix-Rousse).
Morin (Mme), r. Neuve, 6.
Moyat-Raymond, avenue de Saxe, 70.
Morin, chemin du Sacré-Cœur, 80.
Moulin (F.), r. des Trois-Pierres, 39.
Musillon (Mme), r. de la Reine, 31.
Néaud (Mlle), Grand'Rue, 35 (Vaise).
Noël (A.), r. Hippolyte-Flandrin, 3.
Odos Grand'Rue, 76 (Guillotière).
Ogiz (Mlle), r. du Garet, 4.
Paccalet (A.), r. Mercière, 52.
Panouillot-Monier (F.), q. St-Vincent, 50.
Paquet (B.), r. Cuvier, 31.
Paradis, r. Moncey, 12.
Paris aîné (Mlle), r. de la Barre, 10.
Pascal (Mlle), avenue de Saxe, 133.
Patissier (Mlle), r. Lanterne, 4.
Peillon (Mme), r. de l'Arbre-Sec, 10.
Pelletier (J.-M.), Grand'Rue, 31.
Pelletier-Julliard, pl. Croix-Pâquet, 8.
Penet, r. Tronchet, 5.
Peneau (P.), r. Palais-Grillet, 7.
Perraud (Mlle), cours de Brosses, 17.
Perrier (Mme), r. Romarin, 17.
Perrin sœurs, r. Palais-Grillet, 8.
Perrin (F.), avenue de Saxe, 153.
Persigny (Mme), r. des Farges, 20.
Petel (E.), r. Tête-d'Or, 74.
Petit (Vve), r. du Commerce, 19.
Pezet, r. St-Pierre, 15.
Pilaud (P.), r. de Condé, 46.
Pitaval, r. St-Jean, 14.
Plantier, r. de Chartres, 16.
Plasse-Lestra, cours Morand, 43.
Plasson (L.), r. Monsieur, 16.
Poncet (Mlle), r. de la Fromagerie, 4.
Porlange, r. Bouteille, 24.
Poulet, r. de la Pyramide, 15 (Vaise).
Poulette (A.), r. des Augustins, 8.
Pourrat, pl. d'Ainay, 5.

Protheaux (C.), r. Impériale, 67.
Quenin, r. de la Barre, 4.
Ravat, avenue de Saxe, 116.
Regnier, r. Centrale, 13.
Renaud (Mlle), cours Morand, 58.
Ressiguer (J.), r. Grôlée, 27.
Reverchon (L.), r. Hippolyte-Flandrin, 1.
Revol (Mlle), r. Impériale, 63.
Reynier, avenue de Saxe, 69.
Richier (A.), chemin du Sacré-Cœur, 33.
Ricol (E.), r. de Sèze, 16.
Risser, r. Jean-de-Tournes, 2.
Robier (Mlle), r. Confort, 25.
Robiet (J.), cours Napoléon, 26.
Roche, r. des Célestins, 8.
Roche (F.), r. des Macchabées, 29.
Roche, r. Perrod, 10.
Rodot, avenue de Saxe, 98.
Roco (J.), r. de Chartres, 47.
Rollet, r. Bourbon, 54.
Rostan (Mme), r. St-Marcel, 36.
Rochat (Mme), pl. de l'Impératrice, 6.
Roget (Mlle), r. Louis-le-Grand, 2.
Rondier, r. Delandine, 14.
Rose (P.), Grand'Rue, 157 (Guillotière).
Rostain (Mlle), r. du Plâtre, 10.
Rousset (Mme), r. St-Joseph, 24.
Roux (Vve) et Berthier, r. Terme, 14.
Ruet, cours Morand, 57.
Sabatier-Perrot, r. Romarin, 19.
Sage (Vve), r. des Farges, 31.
Sarrazin (Vve), r. Mercière, 43.
Sassot (Mme), cours Morand, 32.
Saunier (Mme), cours Lafayette, 119.
Seiler (Mme), r. Marignan, 15.
Serve, r. Montesquieu, 57.
Serre, r. du Plâtre, 5.
Sornet (C.-A.), r. Béchevelin, 4.
Tardieu, r. du Commerce, 14.
Terrasse (Mlle), q. Pierre-Scize, 20.
Teule (Mlle), r. Impériale, 37.

Thélot, q. de Serin, 19.
Thevenin, pl. Neuve-St-Jean, 3.
Thimonnier-Lafay (Mme), r. St-Pierre, 41.
Tirard (Mlle), r. de l'Impératrice, 61.
Tonnelier (Mlle), r. Grenette, 27.
Tixier (Vve), r. St-Dominique, 14.
Tutin (Mlle), r. de Marseille, 18.
Vacher, r. St-Jean, 70.
Vachez (Mlle), Grand'Rue, 96 (Guillotière).
Vaganay (F.), r. de la Charité, 52.
Vaillant (Mme), pl. Napoléon 4.
Veillat (Mme), r. Grôlée, 22.
Vernier, r. Romarin, 10.
Veuillet (F.), r. des Macchabées, 66.
Viannay (Mme), cours Lafayette, 14.
Villard (J.), r. d'Isly, 6.
Vincent, r. Bodin, 7.
Vire (Mlle), cours Bourbon, 90.
Vichier, Grand'Rue, 119 (Guillotière).
Viron (J.), grande place de la Croix-Rousse, 10.
Vivier, avenue de Saxe, 91.
Wuy (Mme), q. Pierre-Scize, 107.

Bonneterie en détail.

VOYEZ AUSSI MERCERIE.

Barnola fils (Dque), et chemiserie, r. Impériale, 10.
Bayet-Thevenon, r. Childebert, 20.
Bouilloud, r. Impériale, 48.
Charpas, r. Impériale, 17.
Condamin (J.), r. Impériale, 5.
Cottet-Clerc, r. Grenette, 9.
Fournier-Maillet, r. Impériale, 67.
Fore (Vve), r. St-Côme, 5.
Fraque (Mme C.), r. de la Bourse, 10.
Garin-Chevillard, r. St-Pierre, 25.
Guillermier (A.), r. Mercière, 38.

Hérard (A.), pl. Bellecour, 8.
Jay (A.), r. Impériale, 4.
Leydet jeune et Cie, r. Grenette, 24.
Leydet frères, pl. d'Albon, 3.
Michel-Georges, pl. Bellecour, 8.
Miette (C.), r. de l'Impératrice, 15 et r. Centrale, 56.
Moreau, cours Morand, 10.
Musillon (F.), *magasin des Quatre-Saisons*, mercerie, bonneterie, rouennerie et nouveautés; fournitures pour tailleurs et tailleuses, fabrique de chemises et camisoles, gilets et caleçons de flanelle, ganterie, r. de la Reine, 31, près de la rue Bourbon.
Pezet, r. St-Pierre, 15.
Repécaud (C.), r. de l'Impératrice, 46.
Reynaud, r. des Archers, 10.
Roux-Benoît, r. Grôlée, 52.
Sénéchal (Ch.), r. St-Côme, 11.
Taupenot (G.), r. St-Dominique, 11.
Trillat (J.-B.), q. St-Vincent, 57.
Vié-Poncet, pl. St-Nizier, 1.

Modes.

Abougy (Vve), r. Impériale, 55.
Achard, r. d'Austerlitz, 10.
Allardet (Mme), r. Romarin, 9.
Amy, r. Jean-de-Tournes, 12.
Ansanay (Mme), r. des deux-Cousins, 1.
Armand, gr. r. Longue, 25.
Armand-Plenard, r. St-Joseph, 6.
Atonolly (Mme), r. Pouteau, 23.
Auclair (Mme), r. des Farges, 2.
Augoyat (Vve), r. Romarin, 14.
Baffert, pl. Colbert, 6.
Bagutti (Mme), r. des Capucins, 9.
Bajat, r. Mercière, 52.
Barbe, r. d'Algérie, 18.
Barbier, r. Royale, 11.
Bault (Mlle), r. du Commerce, 7.

Bemel (Mme), r. Lainerie, 16.
Berger (Mlle), r. de Chartres, 21.
Bernard (Mlle), r. St-Marcel, 19.
Berthier (Mlle), r. des Archers, 11.
Bichet (Mlle), r. Constantine, 7.
Blet (Mme), r. de la Platière, 10.
Blum, r. Ste-Catherine, 15.
Bonnet (F.), r. d'Austerlitz, 27.
Bonneveaux (Mme M.), pl. Bellecour, 22.
Bougarel, r. de la Préfecture, 12.
Bouget, r. Lanterne, 17.
Bresse (Mlle), r. Centrale, 38.
Bresson (Mme), r. Romarin, 20.
Brun (Mlle), pl. St-Pothin, 15
Brunet, r. Rivet, 10.
Buffard (Mme), r. Confort, 16.
Buguet, r. d'Austerlitz, 7.
Buisson, cours Lafayette, 30.
Burlant (Mlle), r. Centrale, 42.
Burlet (Mlle), pl. Sathonay, 4.
Cabus, r. Pizay, 22.
Cagliano, r. de Chartres, 63.
Carron, r. Bourbon, 26.
Cassabois (Mme), r. Bourbon, 6.
Catalou (H.), gr. r. St-Clair, 4.
Chabrol, r. Impériale, 48.
Chabrol, montée des Carmélites, 1.
Chatard sœurs, q. St-Antoine, 29.
Chataing-Faure (Mme), r. Impériale, 18.
Chatron, r. des Capucins, 6.
Chaverot, r. Mercière, 82.
Chenevier, r. d'Oran, 2.
Chevalier, cours des Tapis, 2.
Chevallier, r. d'Algérie, 10.
Christi-Henry (Mme), r. de l'Impératrice, 60.
Cognet (J.), Grand'Côte, 44.
Colin, r. de la Reine, 36.
Comberousse et Lenormand, r. Centrale, 43.
Comte (Mme), r. Stella, 3.
Coney, r. Grenette, 19.
Cottard (Mme), r. St-Marcel, 27.

Courtois (Mme), r. St-Côme, 8.
Couteau (Mme), r. Impériale, 16.
Couturier (Mlle), r. St-Jean, 64.
Dalbeigne, r. St-Georges, 48.
Dauvergne et Barsu (Mlles), r. Impériale, 48.
Debroas et Cie, pl. des Terreaux, 22.
Dolisie, r. Godefroy, 33.
Drapier et Poncet, r. Impériale, 10.
Droin (Mlle), r. de Trion, 73.
Dubied et Bigard, r. Gasparin, 25.
Ducreux, cours Napoléon, 34.
Duboucher, r. St-Joseph, 37.
Dumartheray (Mme), r. Grenette, 4.
Duperray, r. Vieille-Monnaie, 22.
Dupuy (Mme C.), r. Childebert, 1.
Dussus, r. de Trion, 13.
Dury, montée des Carmélites, 19.
Escoffier, r. Bodin, 13.
Faurax, q. St-Vincent, 61.
Fauriste, pl. de l'Impératrice, 7.
Favre, r. Lanterne, 15.
Favrichon, cours Morand, 53.
Fortoul, pl. des Tapis, 1.
Fournet (Mlle), r. d'Algérie, 2.
Gachet (Mlle A.), r. d'Algérie, 8.
Garcin (Mme), r. Impériale, 34.
Garnier, r. de la Préfecture, 6.
Gathier (Mlle J.), r. de l'Impératrice, 93.
Gauthier, q. Pierre-Scize, 24.
Geoffray sœurs, r. St-Pierre, 31.
Gillot (Ph.), cours Lafayette, 119.
Godard, r. St-Joseph, 20.
Gorand, r. de l'Impératrice, 102.
Granger, r. du Mail, 10.
Gourju (Mlle), r. de Chartres, 2.
Grand, r. de l'Impératrice, 104.
Guerpillon (Mlle), pl. Bellecour, 7.
Guichard (C.), cours de Brosses, 8.
Guillaud, pl. Sathonay, 6.
Guirand (Mlle), r. Lanterne, 15.
Heidlauff, r. Madame, 12.

Jacob (Mme) passage des Terreaux.
Jaillot (Mme), pl. du Gouvernement, 5.
Jambon (Mlle), pl. St-Michel, 1.
Jogand (Mme), r. Port-du-Temple, 18.
Jordanis (Mme), r. Impériale, 61.
Jullien (Mme), pl. Bellecour, 33, façade de la Saône.
Jullien (Mlle), r. de l'Impératrice, 63.
Koch (Mlle), r. Impériale, 54.
Lachaume (Mlles), q. Pierre-Scize, 111.
Laforest (Mme), cours Vitton, 39.
Laglasse (Mme), r Grenette, 5.
Lalive, r. Hippolyte-Flandrin, 16.
Lambert, côte des Carmélites, 42.
Lardet, pl. des Tapis, 2.
Lantique, r. Bourbon, 46.
Laselve (Mlle), r. du Plat, 9
Lavergne (Mlles sœurs), r. Sala, 25.
Léonard, q. St-Vincent, 48.
Lonjarret-Lacroix (Mme), r. de l'Impératrice, 7.
Maisonneuve (Mme), r. de l'Impératrice, 32.
Manet, cours Perrache, 12.
Margotton (Mlles), r. Mercière, 21.
Martau (Mlle), r. de l'Impératrice, 32.
Massardier, r. Palais-Grillet, 1.
Martin (Mlle), pl. de la Pyramide, 11.
Mathevet, q. St-Clair, 8.
Mauriac, pl. Impériale, 53.
Mazoyer (Mme), r. Impériale, 4.
Meister, avenue de Saxe, 68.
Meplain (Mlle), r. Lanterne, 1.
Metet, r. de la Magdeleine, 6.
Meyer, r. St-Hélène, 16.
Miallet, r. de la Reine, 42.
Michel sœurs, pl. Henry IV, 8.
Montel, r. Duguesclin, 159.
Moreau (Mme), r. Mercière, 28.
Morel (Mlles), r. de l'Impératrice, 65.
Moulin, Grand'Côte, 89.
Mousset, r. St-Marcel, 23.
Mouton (Cécile), pl. des Cordeliers, 3.
Musanty (Mlle), r. Impériale, 49.

Naillod (Mme), r. St-Dominique, 13.
Nicole-Deshayes, r. Centrale, 1.
Nourtier (A.), r. de l'Impératrice, 64.
Oudot et Gargot (Mlles), r. Childebert, 4.
Ovize, r. Impériale, 66.
Paget-Ponthus, r. de l'Impératrice, 21.
Paillet, r. des Remparts-d'Ainay, 16.
Pellin (Mme), r. Centrale, 54.
Pelisson (Mlle), r. Tupin, 38.
Perraud, r. de Flesselles, 12.
Perret, Grande-Place, 8 (Croix-Rousse).
Perret (J.), cours Vitton, 27.
Perrier, r. de l'Annonciade, 6.
Perrier, pl. de la Miséricorde, 3.
Perrier, r. du Commerce, 19.
Perolle (A.), r. Moncey, 18.
Peroncel (Mme), r. du Plat, 10.
Petit (Mlle), pl. de l'Impératrice, 1.
Piegay, r. du Doyenné, 15.
Pinaroli, pl. des Terreaux, 7.
Pirodon (Mme), r. Romarin, 29.
Pitaval sœurs, r. d'Algérie, 8.
Planus (Mme), r. Childebert, 17.
Plagnat et Clément (Mmes), r. Childebert, 6.
Plantard, r. Bourbon, 13.
Plassard (Mlle), côte St-Sébastien, 7.
Portallier, r. Impériale, 42.
Pothier, r. du Commerce, 12.
Prellier (Mlle), r. St-Jean, 54.
Rey, r. Centrale, 44.
Rey, r. Palais-Grillet, 12.
Ricannet, r. du Commerce, 10.
Ringard (Mlle), r. de l'Impératrice, 82.
Riotord, avenue de Saxe, 103.
Rojon (Mlle), r. de la Bourse, 39.
Rolland, r. Terme, 10.
Rome, q. Pierre-Scize, 74.
Rome, r. Hippolyte-Flandrin, 22.
Rousset-Forobert (Mme), pl. d'Ainay, 1.
Roux, r. du Doyenné, 1.
Roux, pl. de la Croix-Rousse, 22.

Saint-Amand (Mme), r. St-Joseph, 52.
Sandré (A.), r. Madame, 80.
Sarrazin, r. du Griffon, 10.
Sauvaget (Mme), r. de l'Impératrice, 99.
Sauvaget, cours Morand, 17.
Servillat sœurs, r. Impériale, 67.
Subtil (Mme), r. Gasparin, 7.
Teissier, r. du Plat, 10.
Terrenoire, r. Constantine, 22.
Thevenet (Mlle), pl. des Terreaux, 2.
Theurier (Mme), cours d'Herbouville, 1.
Thibaud, r. St-Pierre, 16.
Thouvenin, r. de la Gerbe, 4.
Thivet, r. St-Joseph, 12.
Trémeaux (Vve), r. Vaubecour, 23.
Trollioux, r. Terme, 13.
Vaillant (Mme), r. Impériale, 88.
Varet, r. Impériale, 37.
Vaillan et Favier, q. des Célestins, 9.
Vaisseaux (Mlle), r. des Archers, 8.
Venot, r. St-Pierre, 11.
Venot, r. Constantine, 2.
Vernay, r. St-Polycarpe, 8.
Vernay (Mlle), r. de l'Impératrice, 98.
Vial, r. Vendôme, 145.
Vimal, r. Dubois, 34.
Vincent (Mlle), r. de l'Impératrice, 93.
Vigné, r. Impériale, 54.
Vignon, r. Romarin, 14.
Vire, cours Bourbon, 90.
Zindel (J.), r. Lanterne, 30.

Modes (fournitures pour).

Agnelet frères, représentés par Fabre frères, r. Centrale, 33; maison à Paris.
Allouard (E.), r. des Forces, 4.
Annequin (B.) et Tixier, r. Centrale, 35.
Armand (B.), gr. r. Longue, 25.

Claudé-Chaninel, étoffes et rubans pour modes, r. de l'Impératrice, 35.
Crozet (N.) et V. Battur, r. du Plâtre, 4.
Durst-Wild et Cie, représentés par Monceau, r. Centrale, 29; maison et fabrique à Paris, r. du Caire, 39.
Favre aîné et fils, fabrique de résilles et filets, chenilles, lacets invisibles, unies et à perles, velours en couleurs, r. Grenette, 4, à l'entre-sol.
Ferlay et Giraud, r. de l'Impératrice, 6.
Fleury (M.), fabrique de franges, soie et cordonnets, nouveautés et fournitures pour modes, chenilles et coiffures, fleurs et plumes de Paris et d'église, r. Neuve, 18.
Gayet jeune et Cie, pl. St-Nizier, 1.
Gizon, pl. des Cordeliers, 12.
Kuister-Margaron, fab. de soieries pour modes et fleurs, tarlatanes, gaze argentine et Dona-Maria, r. du Garet, 4.
Lambert (M.), r. Centrale, 39.
Lang et Cie, r. Centrale, 14.
Mathon, r. de la Bourse, 33.
Meyer (J.), r. Mercière, 11.
Perriod (H.), r. Centrale, 32.
Rieu, r. Centrale, 20.
Royané (S.), voilettes, coiffures, cols et fantaisies en chenilles, crêpes, etc., r. de l'Impératrice, 7.

Nouveautés (magasins de).

Arnoul et Cie, ancienne maison Chaine, nouveautés en tous genres, cachemires des Indes, châles français, étoffes de soie, dentelles et trousseaux, articles de blanc, ameublement et tapis, confection, bonneterie, draperie, etc., r. St-Pierre, angle des Terreaux.
Baquet (J.), r. Bourbon, 6.
Beguin, cours de Brosses, 20.
Benoit et Pascal, soieries, châles, pl. St-Pierre.
Bertin et Genier, r. de l'Impératrice, 93.
Binjamin et Constant, r. Centrale, 20.
Bonneton (J.), cours de Brosses, 18.
Bordeaux, r. Bourbon, 37.
Bournet et Cie, r. Centrale, 2.

Boyriven-Lagarde, r. de l'Impératrice, 54.
Clément (L.), r. Centrale, 46.
Courtieu (J.), r. Bourbon, 8.
Creuzet-Jaudon, r. St-Côme, 8.
Dabonneau, Barrard et Cie, *à la ville de Lyon*, r. Impériale.
Damey (J.), r. Centrale, 28.
Delanoë (J.-B.), r. des Capucins, 1.
Deromieu-Rolland, r. St-Côme, 1.
Devilliers (L.) et Cie, r. St-Pierre, 28.
Empaire ✻ (V.) et fils, r. Impériale, 22.
Foillard (J.), r. Impériale, 68.
Fougerat, Honnorat et Pallard, r. St-Pierre, 14.
Gachot (Ch.) et Cie, r. Centrale, 31.
Garanty, cours Morand, 40.
Gorand, r. de l'Impératrice, 102.
Girard, rue Romarin, 8.
Guigard jeune et Cie, r. Centrale, 7.
Hirchel (A.), r. Bourbon, 1.
Hodieux et Salvy, maison fondée en 1712, pl. de l'Impératrice, 9.
Jourdan (A.), r. Impériale, 13.
Kessler, Grande-Place, 22 (Croix-Rousse).
Lamarque-Delaigue, cours Morand, 18.
Laval et Cie, r. de l'Impératrice, 31.
Laval (A.), pl. du Marché 3 (Vaise).
Lemann et Cie, soieries, châles, q. des Célestins, 6.
Levy (A.), r. Impériale, 54.
Levy (Léopold), q. St-Antoine, 27 et 28.
L'Héritier, r. Terme, 13 et 15.
Lutz (Mme), q. St-Antoine, 39.
Madiot et Perrot, *aux Deux-Passages*, r. Impériale, 38.
Mantoue et Cie, cachemires des Indes, r. St-Pierre, 10.
Marix frères, r. de l'Impératrice, 96.
Miège jeune, r. Centrale, 37.
Mosnier (Mlle A.), r. de l'Impératrice, 57.
Mouth et Cie, pl. St-Nizier, 6.
Nordheim et Cie, r. St-Pierre, 41.
Pérasse (A.), r. Impériale, 48.
Picard (L.) et Cie, *magasins du Palais-Royal*, soieries, cachemires des Indes et de France, nouveautés en tous genres, draperie, toile et blanc, r. du Plat, 2.

Placet (E.) et Cie, châles cachemires, r. Impériale, 6.
Ponthus (H.), *au Sablier*, r. de l'Impératrice, 98.
Regaudiat, q. des Célestins, 11.
Royané (S.), haute nouveauté en rideaux, dentelles pour trousseaux et corbeilles de mariage, r. de l'Impératrice, 7.
Ruel et Buscoz, r. St-Marcel, 34.
St-Bonnet, r. Centrale, 29.
Viron (L.), Grand'Rue, 2 (Croix-Rousse).
Vondière (F.), r. Romarin, 1.

Parapluies et ombrelles (fabr. de).

Abel, Soubranche et Cie, r. Lanterne, 1.
Delpeuch neveu, r. Childebert, 10.
Despert, r. Ste-Marie, 8.
Lefrançois frères, r. Ste-Catherine, 5.
Magnin-Romain, r. Mercière, 52.
Maillet (G.) frères et Huguet, r. Bât-d'Argent, 12.
Morin (A.), r. Pizay, 4.
Pascal aîné et Cie, r. Ste-Catherine, 12.
Poncet jeune et fils, exportation, r. Dubois, 23.
Rebeyrotte, passage de l'Hôtel-Dieu, 31.
Revel (F.) aîné, fabrique de parapluies et d'ombrelles, haute nouveauté, soieries pour parapluies et fournitures. Exportation, r. Pizay, 3.
Roche (J.), fabrique de parapluies et ombrelles, gros et détail, r. Impériale, 55.
Sergent aîné, rue Ste-Catherine, 5.
Sergent cadet, r. Palais-Grillet, 14.
Tourette (Fr.), *à l'Ombrelle Ecossaise*, fabrique de parapluies, ombrelles et cannes, r. Impériale, 6, ci-devant r. Clermont, 15.
Verzier (Vve) et fils, r. Ste-Marie, 3.

Parapluies (marchands de).

Bapt (A.), Grand'Rue, 45 (Guillotière).
Baudoin, r. Vaubecour, 1.
Bertholon (Vve), pl. du Petit-Change, 3.
Beurkardt, r. de Flesselles, 21.
Blanchard, pl. Forez.
Bordelait (Vve), r. de l'Impératrice, 94.
Boucheron, r. Terme, 4.
Bouilhot (Mlle), r. Bourbon, 2.
Bourgin (A.), r. Bugeaud, 22.
Brissaux, cours Morand, 14.
Brogia (J.-F.), avenue de Saxe, 91.
Buchet (J.-M.), r. du Plat, 9.
Celu, r. St-Côme, 2.
Charles fils, r. Impériale, 13.
Chassagne, r. de Chartres, 16.
Chassagnard (P.), r. Vendôme, 111.
Clamaron (E.), q. St-Vincent, 59.
Collègue (Vve), r. Duménge, 4.
Collègue (A.), Grande-Place, 9 (Croix-Rousse).
Cordier (L.), r. d'Austerlitz, 8.
Coupade (M.), r. du Co[illegible], 3.
Couture (J.), r. Bourbon, 36.
Croisat (B.), r. de Marseille, 8.
Degivry (J.), r. Romarin, 13.
Delpeuch, r. Bourbon, 19.
Delpeuch neveu, passage de l'Hôtel-Dieu, 7.
Demaison, r. St-Joseph, 39.
Divet, r. Gentil, 15.
Duchet, passage de l'Argue, 40.
Durand (F.), cours Morand, 45.
Ferranti (A.), Grand'Rue, 70 (Guillotière).
Ferru (E.), r. du Plat, 22.
Forgeot (Mme), r. Terme, 16.
Gay (F.), Grand'Côte, 28.
Gonnet (Mme), r. Bourbon, 15.
Goubet (P.), r. de Chartres, 37.

Guibal, q. de Vaise, 2.
Guillon (Mlle), r. Mercière, 48.
Guinard, r. Bourbon, 34.
Hollander, r. Ferrandière, 17.
Imbert, r. Masson, 5.
Jourdan (A.), q. de l'Archevêché, 14.
Longueville, r. de la Bombarde, 8.
Loyon, r. Impériale, 64.
Léon (Vve), r. Mercière, 13.
Magote (Mme), Grand'Rue, 40 (Vaise).
Madinier, r. Vaubecour, 21.
Marenne (P.-J.), q. Fulchiron, 20.
Martin, q. St-Antoine, 11.
Mathias (Mlle), Grand'Côte, 45.
Mathonnet (C.), q. de Vaise, 8.
Masse (Mme), r. St-Dominique, 15.
Mayot, Grand'Rue, 40 (Vaise).
Mortier, r. St-Joseph, 7.
Passeron-Bernard, r. de la Barre, 8.
Pellegris (D.), r. de Chartres, 80.
Pierron (J.), r. Claudia, 23.
Poete (A.), r. d'Austerlitz, 9.
Prenet (A.), r. Vendôme, 90.
Poix (Mme), r. de Créqui, 114.
Rebeyrotte (M.), passage de l'Hôtel-Dieu, 31.
Renard (N.), pl. Gerson.
Rouffiat, r. de l'Impératrice, 78.
Roche jeune, passage de l'Hôtel-Dieu, 6.
Roux (A.), cours de Brosses, 7.
St-Bonnet, r. Centrale, 29.
Sage (J.), r. des Macchabées, 2.
Serre (Vve), Grand'Rue, 14 (Croix-Rousse).
Serret, montée des Carmélites, 30.
Tardy, r. St-Dominique, 13.
Thevenin (S.), r. St-Côme, 1.
Timonier, Grand'Côte, 100.
Tourette (F.), r. Impériale, 6.
Turlot (Vve), r. de l'Impératrice, 41.
Vassoilles (J.), r. St-Marcel, 8.

Parapluies (fournitures pour).

Barral, r. Monsieur, 91.
Bayard (S.), carcass., r. de la Paix, 1.
Besson (J.-M.), carcass., r. Chaponay, 21.
Bourgier (P.), fab. de joncs, r. Grôlée, 43.
Bouvier (L.), garnitures en fer et cuivre, r. de Sully, 44.
Burnichon (J.-M.), monteur, r. des Capucins, 6.
Ceillier frères, en gros, côte des Carmélites, 40.
Charay (L.), monteur, r. de l'Hôpital, 4.
Chenat, monteur, montée St-Barthélemy, 8.
Conchon, monteur, r. Grôlée, 35.
Collègue, r. des Farges, 25.
Dangles (A.-F.), r. des Asperges, 62.
Duclocher, rosettes, r. Vendôme, 170.
Ferrand (B.), r. Palais-Grillet, 14.
Gaillard (A.-R.), fourreaux de parapluies, r. Ste-Marie, 3.
Grillet, monteur, r. Bourbon, 16.
Gueslin (P.), jonc, r. Pareille, 11.
Hudriot, fourniture pour la garniture de parapluies, plaques et coulants, r. Ste-Elisabeth, 32.
Jaricot (Vve), tourneur, r. Vieille-Monnaie, 17.
Jaroux (C.), monteur, r. des Tables-Claudiennes, 29.
Lagrollé (F.), cannes, r. Juiverie, 18.
Lucas (Mme), monteur, r. Tupin, 6.
Marcel (A.), monteur, r. de Jussieu, 5.
Marin (F.), cannes, r. Monsieur, 75.
Miège (A.), cannes, r. Grôlée, 61.
Milloz, cannes, r. de Jussieu, 5.
Morel (P.), fabrique de fourchettes pour parapluies et ombrelles, tringles et montures en fer et aciers en tous genres, r. Neyret, 37.
Morin (A.), soieries au détail, r. Pizay, 4.
Perrier (J.), fabrique de montures en acier et fer en tous genres, et de couleurs variées pour parapluies et ombrelles; fab. de fourchettes et fournitures de toute espèce, gr. r. Mercière, 68.
Philibert (J.-E.), r. des Martyrs, 95.
Pillon (H.), carcassier, r. Palais-Grillet, 18.

Pivot (F.), raccomodage, r. Thomassin, 20.
Renard jeune, monteur, r. Thomassin, 18.
Revel (F.) aîné, soieries pour parapluies et fourniture, r. Pizay, 3.
Rigaud, monteur, rue Tupin, 7.
Rivoire frères, fabrique de baleines, montée du Chemin-Neuf, 20.
Robert (A.), avenue de Saxe, 151.
Schmitt (Mme), monteuse, r. des Tables-Claudiennes, 19.
Sergent cadet, r. Palais-Grillet, 14.
Sergent aîné, r. Ste-Catherine, 5.
Somagnac, rhabilleur de parapluies, r. de l'Hôpital, 8.

Passementiers.

André-Bogey, passementerie soie pour meubles, r. Grenette, 12.
Armand et Pitiot, passementerie soie, pl. St-Nizier, 3.
Aroud, Thiry et Bonnond, r. Bât-d'Argent, 3.
Avallet (J.), pour meubles, r. Mulet, 10.
Bessac (L.), enjolivures, r. des Granges.
Bonnin (V.), pour chapellerie, r. de l'Impératrice, 91.
Bonnamour jeune, passementerie soie, r. Grenette, 23.
Bonnamour aîné, passementerie soie, r. de l'Impératrice, 52.
Bosson (F.), enjolivures d'église, r. des Capucins, 19.
Brunier-Maréchal, fils, p. militaires, q. de Retz, 12.
Budillon (L.), enjolivures, r. de l'Impératrice, 34.
Burtin, Juif et Laroche (Dlle), enjolivures, r. St-Pierre, 25.
Chabrier et Liénard, fabricants de lacets, r. Centrale, 33.
Clémenso (C.) et Cie, dorure, r. d'Algérie, 16.
Desjuzeur (A.), passementeries, dorures, q. St-Vincent, 51.
Divat-Magdinier, enjolivures, r. de la Bourse, 39.
Dolbeau-Barret, pour meubles, r. Tupin, 38.
Drevet (P.), passementerie, dorure, pl. de la Miséricorde, 3.
Dumur, pour ornements d'église et militaires, r. d'Algérie, 22.
Durret (P.) traits or et argent, fins et mi-fins, cannetilles

lames et bouillons, articles nouveautés en dorures pour la fabrique; exportation, r. de l'Impératrice, 99.
Dutel et Blancard frères, en dorures, r. du Griffon, 5.
Escoffier (P.) et Cie, dorures, r. d'Algérie, 6.
Fagot jeune, r. Centrale de la Villette, près le Sacré-Cœur.
Fichet frères, Muraour et Cie, fabrique spéciale de filés or et argent, traits lames, cannetilles, paillettes, découpures et étoffes brochées, r. Puits-Gaillot, 3.
Fleury (M.), fabrique de franges soie et cordonnets, nouveautés et fournitures pour modes, chenilles et coiffures, r. Neuve, 18.
Fore (Vve), enjolivures, r. St-Côme, 5 (*bis*).
Frinzine et Duviard-Dîme, en dorures, r. St-Marcel, 23.
Gaillard aîné, fabricant de cordonnets, r. du Palais-Grillet, 44.
Gaillard jeune, r. Mercière, 49.
Gauthier (A.), dorures, r. Constantine, 12.
Gavot (B.), fabricant de filés, or et argent, pl. du Perron, 2.
Gayon, r. Lanterne, 7.
Gelet (C.), pour meubles, r. du Plâtre, 8.
Girerd frères, dorures, broderies, r. Bât-d'Argent, 12.
Gizon, pour meubles, pl. des Cordeliers, 2.
Grand (Dlle), pl. des Cordeliers, 8.
Grossat (A.), pour chapellerie, r. Ste-Elisabeth, 61.
Guibont (J.) et Cie, fabricants de dorures, pl. des Carmélites, 6.
Guillermier, r. Grenette, 11.
Guillermin, dorure, r. St-Pierre, 27.
Husson et Cie, r. Centrale, 32.
Jacob, r. des Marronniers, 6.
Jaillard père et fils, passementerie, dorure, r. Impériale, 12.
Jumont-Buer et Cie, pour militaires, pl. Bellecour, 5.
Laresse (Ch.) et Cie, manufacture de fleurets pour passementerie, soies filées, fantaisies, bourre de soie cardée ou non, r. St-Jean, 68.
Levrat (V.), r. Centrale, 44.
Martin frères, fabrique de passementeries, chenilles, résilles et nouveautés, r. Constantine, 15.
Martin, pl. de l'Impératrice, 6.
Mattan, r. Grôlée, 48.

Méhier (Ch.) et Cie, pour meubles, r. St-Pierre, 39.
Maureau, pl. de l'Impératrice, 46.
Morel et Cie, passementerie or et soie, dorure, r. de l'Impératrice, 9.
Papon (Vve), r. des Forces, 3.
Petit et Gayet (Dlles), pour églises, r. Tramassac, 4.
Peyrot, frères, dorures et armes, r. Impériale, 47.
Rodes (F.), dorures, pl. de la Miséricorde, 3.
Rozat (Dlle), pour meubles et nouveautés, r. Tupin, 10.
Seillier, fabricant de franges et d'ornements d'église, r. Vieille-Monnaie, 15.
Siméan (C.) et Cie, dorures, pl. Sathonay, 4.
Sonthonax (A.), pour ombrelles, r. Centrale, 3.
Tarpin père et fils, tréfilerie d'or et d'argent; maison à Paris, r. Montmorency, 13; usine à Persan-Beaumont (Seine-et-Oise), r. de l'Impératrice, 37.
Tissot (Vve), r. de l'Impératrice, 40.
Tholon et Gay, r. Impériale, 18.
Truchy et Vaugeois, dorures, q. de Retz, 16.
Valansot et Murillon, en soie, r. Impériale, 32.
Vassel et Crépon, r. de la Plâtière, 9.
Vasserat (E.), franges, r. Ste-Catherine, 11.

Rouennerie en gros.

Bernard (Jh.) et Cie, r. de la Fromagerie, 9.
Bouyer (Ch.) et Cie, mouchoirs et lainages, r. Centrale, 5.
Breyton (A.) et Cie, indiennes, r. Dubois, 21.
Charles jeune, Tricou et Cie, r. Mercière, 15.
Chartron (C.) et Cie, r. Grenette, 5.
Charneau et Sarrazin, r. de l'Impératrice, 35.
Cuvillier et Cie, r. de l'Impératrice, 49.
Desguers (E.) et Cie, toileries, indiennes et calicots, r. de l'Impératrice, 25.
Décrand et Cie, r. de la Fromagerie, 5.
Dumond aîné et Cie, lainages, r. Centrale, 21.
Faure-Humbert et Cie, indiennes, r. Ferrandière, 27.
Fillon aîné et Cie, r. Centrale, 12.
Guibert et Terret, r. Dubois, 7.

Hellion, r. des Capucins, 19.
Jaquemet (G.-H), et lainage, r. de l'Impératrice, 45.
Mathevon frères, et lainage, r. Grenette, 2.
Mollard jeune et Cie, r. Grenette, 4, et r. Mercière, 35.
Michel et Reboux, et lainage, r. Grenette, 23.
Moreau et Roubeau, r. Mercière, 63.
Plasson et Viallet, r. de l'Impératrice, 55.
Revel, Blache et Cot, r. Dubois, 23.
Vuarin, Argoud et Cie, r. de l'Impératrice, 39.

Rouennerie en détail.

Alexandre (Vve), place du Pont, 13.
Allard (A.), Grand'Rue, 37 (Vaise.)
Barbier (J.), Grand'Rue, 80 (Guillotière).
Barnier (B.), r. Mercière, 58.
Benier (A.), r. d'Austerlitz, 12.
Bertaudin (A.), r. du Bon-Pasteur, 25.
Bertrand (A.), r. Centrale, 15.
Bertrand, r. Mercière, 66.
Bicallet, grande rue de la Croix-Rousse, 50.
Blache aîné, r. Mercière, 26.
Blanc-Guichard, r. du Palais-Grillet, 46.
Bodin (J.), cours Morand, 2.
Boferding (E.), côte St-Sébastien, 18.
Boyaron (Mme), r. de la Madeleine, 46.
Bourgin (J.), r. du Palais-Grillet, 40.
Bouvard, r. du Bon-Pasteur, 33.
Branciard (A.), r. du Commerce, 24.
Brebion-Carier, r. St-Marcel, 21.
Bridon (J.-L.), r. de Chartres, 23.
Brochut (Dlle), cours Lafayette, 48.
Brosse (J.-M.), avenue de Saxe, 73.
Brunier (Mme), à la halle des Cordeliers.
Bruneton, r. de Chartres, 63.
Calvoz, r. du Commerce, 3.
Cavaroc (Vve), Grande-Place, 13 (Croix-Rousse).
Cesar (Dlle), r. Bourbon, 40.
Chanat (N.), cours Charlemagne, 2.

Chanu (J.), r. de la Barre, 18.
Charcot (J.-C.), grande rue St-Clair, 133.
Charpentier (Vve), Grand'Rue, 57 (Croix-Rousse).
Charpiot (Mme), r. Madame, 1.
Chevallier (Mlle), côte St-Sébastien, 9.
Cholleton (Mme), cours Vitton, 21.
Cogordan (J.-B.), r. de Chartres, 18.
Colin (J.), r. de Chartres, 53.
Commier, montée Rey, 2.
Cote (M.), grande rue de la Guillotière, 38.
Daloz (J.), r. de Chartres, 89.
Damian (Dlle), Grande-Place, 20 (Croix-Rousse).
Daret (Dlle), cours Bourbon, 88.
Debalme, r. Mercière, 86.
Debat (J.), r. du Palais-Grillet, 13.
Delestra (A.), r. du Palais-Grillet, 38.
Derieux (Dlle), r. de Cuire, 7.
Deroux-Dauphin, r. de la Martinière, 1.
Deschamps (Vve), r. du Palais-Grillet, 17.
Desnuzière, r. du Plat, 20.
Dorion, q. de Bondy, 27.
Dubœuf (J.), r. St-Jean, 48.
Dufour, r. Vendôme, 121.
Dumas (D.), r. des Farges, 45.
Dupré (Vve), r. de Chartres, 94.
Durret, grande rue de la Guillotière, 12.
Falque (L.), r. St-Marcel, 38.
Forest (C.), r. St-Jean, 17.
Fournier (J.), cours Vitton, 1.
Francillon (M.), r. des Capucins, 26.
Gaillot (H.), r. du Palais-Grillet, 28.
Garin (C.), cours des Tapis, 5.
Garnier (A.), r. Montesquieu, 71.
Gathier, r. Romarin, 13.
Gerbelot (J.), q. Fulchiron, 24.
Germain (J.), grande rue de la Croix-Rousse, 12.
Girard (J.-B.), grande rue de la Guillotière, 26.
Giraud (B.), place du Perron.
Girard (Dlle), r. Romarin, 8.
Girerd, grande rue de la Guillotière, 151.
Gorier (J.-B.), r. St-Georges, 68.

Gleyzal (H.), grande rue de la Guillotière, 70.
Grandin, grande rue de la Guillotière, 10.
Guastalla, r. Mercière, 18.
Guichard (Vve), r. du Palais-Grillet, 46.
Guillet (G.), Grand'Côte, 73.
Guiot (Mlle M.), r. Pouteau, 11.
Hamm (P.), r. Moncey, 98.
Hardy (D.), cours Perrache, 3.
Hébert-Paque, r. Romarin, 12.
Héritier (J.), grande place de la Croix-Rousse, 18.
Housset (Dlle), r. Mercière, 14.
Husson, r. de Chartres, 36.
Jacquemier, r. Hippolyte-Flandrin, 9.
Jacquin (Vve), cours Morand, 57.
Jametton (A.), Côte St-Sébastien, 23.
Janin (P.) q. de Bondy, 14.
Jasse, r. du Palais-Grillet, 38.
Job (N.), r. de la Barre, 1.
Juttet, r. Mercière, 30.
Kahn, r. Madame, 53.
Keissler, pl. de la Croix-Rousse, 22.
Labie, Grand'Rue, 11 (Vaise).
Labre (Vve), r. de Marseille, 5.
Laget, r. de l'Impératrice, 43.
Lancelot (F.), cours des Tapis, 38.
Latourderie (Mme), r. de l'Hôpital, 8.
Lèbre (Mme), r. de Vendôme, 109.
Louvier (Vve), Grand'Rue, 82 (Guillotière).
Magnard (C.), q. Pierre-Scize, 99.
Maljournal (J.), r. Moncey, 17.
Masson (Mme), r. Pouteau, 23.
Meunier (J.). r. Cuvier, 23.
Michel, r. du Palais-Grillet, 30.
Mignod (P.), r. Grôlée, 53.
Molmerel, r. St-Jean, 15.
Mollier (J.), r. Bugeaud, 18.
Morel, côte des Carmélites, 20
Moreau et Roubeaud, r. Mercière, 63.
Morel (G.), Grand'Rue, 16 (Croix-Rousse).
Morel, r. d'Ivry, 1.
Moutet-Brochu, r. Madame, 113.

Mussillon, *aux quatre Saisons*, r. de la Reine, 31.
Neple (J.), r. Vendôme, 92.
Noailly, r. de la Madeleine, 8.
Noir (A.), r. du Palais-Grillet, 40.
Pape, pl. des Bernardines, 3.
Paradis (A.), r. de Chartres, 12.
Perrier (Dlle), r. Terme, 21.
Petit (Mme), r. du Commerce, 19.
Peyron-Ferry, r. Mercière, 10.
Pin (J.), r. Mercière, 16.
Plaquet-Guillermet, Grand'Rue (Guillotière).
Plasson (Vve), r. de la Barre, 22.
Pourroy (Vve), pl. Impériale, 55.
Prévot, pl. Napoléon, 8.
Quèty, r. Hippolyte-Flandrin, 8.
Rejanin, r. Mercière, 67.
Renard (Vve), r. St-Denis, 1.
Renaud (Mme), Grand'Rue, 20 (Croix-Rousse).
Rey (Vve), pl. de la Baleine, 1.
Rivière jeune, r. du Palais-Grillet, 42.
Rochefort (B.), Grand'Rue, 34 (Croix-Rousse).
Rose (Mme), Grand'Rue, 157 (Guillotière).
Rozat (Mme), r. Mercière, 65.
Savarin, r. Terme, 6.
Sermet (J.), r. Laurencin, 2.
Tabaraux (L.), cours d'Herbouville, 38.
Taton (G)., cours Perrache, 13.
Telle, r. d'Austerlitz, 15.
Thévenet (H.), Grand'Rue, 100 (Croix-Rousse).
Thévenet, r. du Mail, 22.
Tissier-Peillon, r. Lainerie, 7.
Vande (A.) r. de la Visitation, 17.
Vidal (S.), r. Jacquard, 7.
Vilette (P.) Grand'Rue, 85 (Croix-Rousse).
Vincent (A.), r. Bodin, 7.
Vial (Vve), r. du Palais-Grillet, 4.
Viron, grande rue de la Croix-Rousse, 2.
Vivier, avenue de Saxe, 91.

Rubans (marchands de).

Allard père, r. Gentil, 11.
Allard jeune, r. Impériale, 6.
Ballet (Dlle), r. Mercière, 80.
Barrier (C.), r. de l'Impératrice, 36.
Bernard et Cie, r. Centrale, 15.
Bernard (Vve), r. Lanterne, 1.
Bompard (P.), r. d'Algérie, 14.
Bonnot-Vignat, r. Impériale, 9.
Bonnin (V.), et galons, r. de l'Impératrice, 91.
Bonnefont (E.), r. de l'Impératrice, 27.
Berger frères, r. Neuve, 17.
Brenier (A.), rubans unis et nouveautés en tous genres en pièce et au poids, spécialité de velours noir et couleur, r. de l'Impératrice, 33, près de l'Église St-Nizier.
Cazot (B.), rubans au poids, r. Impériale, 45.
Chapel, r. de l'Impératrice, 38.
Claudé-Chaninel, r. de l'Impératrice, 35.
Dabonneau, Barrard et Cie, r. Impériale, 31.
Deshayes-Durand, r. Tramassac, 21.
Ducret et Matel (Dlles), r. du Plâtre, 8.
Dommartin, r. Ste-Marie des Terreaux, 1.
Ducrot, r. de l'Impératrice, 56.
Dufieux (Dlle), place du Change, 3.
Duplâtre, fab. de rubans et galons, r. Poulaillerie, 15.
Duret (F.), r. de la Fromagerie, 14.
Egraz, r. de l'Impératrice, 103.
Favre aîné et fils, et lacets, r. Grenette, 4.
Fieux, r. de l'Impératrice, 93.
Frantz (Vve), r. Mercière, 53.
Gachet-Lepind (Mmes) et Cie, r. Impériale, 20.
Galabert (Mme), r. de la Bourse, 25.
Gervesi et Monnier, r. Grenette, 36.
Girard (F.), cours de Brosses, 6.
Gleyre (Samuel), r. Impériale, 10.
Gouilloux (J.), r. de Sèze, 5.
Grand-Rodier et Cie, r. de l'Impératrice, 42.
Grataloup (C.), r. de l'Impératrice, 32.

Guyonnet, r. Terme, 24.
Mairesse (E.), r. Impériale, 26.
Manot (R.), pl. Impériale, 42.
Michaud, achat et vente en solde, soieries, velours, rubans, chenilles, franges et galons, r. Ferrandière, 8.
Millet (E.), spécialité de rubans gros et détail, façonnés et unis, dépôt de velours de la maison Verdelet de St-Etienne, et velours tout soie, r. Impériale, 39.
Müller, r. de l'Arbre-Sec, 9.
Nevière (G.) jeune, r. St-Nizier, 10.
Pavallier et Fabre (Claudius), r. Impériale, 5.
Passot-Vignat, gros et détail, r. de l'Impératrice, 13.
Portier-Sauge, r. Impériale, 37.
Poyet (J.-B.), r. Impériale, 39.
Prévost (A.) et Cie, en gros, r. de l'Impératrice, 45.
Ressier, r. du Plat, 2.
Rochard-Corcelette, et lacets, r. Poulaillerie, 6.
Rome (Mme), pl. du Pont, 7.
Salomon, r. Bourbon, 24.
Valla-Tessier (Mme), r. Centrale, 40.
Venot (Dlle), r. St-Pierre, 11.
Virieux (Joannès), r. de l'Impératrice, 32.

Soieries (marchands de).

Allouard (E.), fabricant de chenilles et soieries, r. des Forces, 4.
Aillaud de Bornes (Vve), coupons, r. Impériale, 36.
Bardey (F.), pl. des Terreaux, 1.
Benjamin et Constant, lainages, châles, r. Centrale, 20.
Benoît et Pascal, châles et nouveautés, pl. St-Pierre.
Blum (M.), r. de l'Impératrice, 56.
Bonniot-Vignat, r. Impériale, 9.
Bouillod, Seurre et Granjon, et châles, r. Bât-d'Argent, 1.
Brunswick (Samuel), spécialité de solde, r. du Plâtre, 6.
Carrand (E.), r. St-Pierre, 25.
Cazot, coupons, r. Impériale, 45.
Chambeyron (aîné), q. de Retz, 25.
Chaninel (Mme), r. Impériale, 6.

Charrin et Cie, draperie en gros, et soieries, r. Centrale, 11.
Claudé-Chaninel, étoffes, rubans pour modes, r. de l'Impératrice, 35.
Combrichon (A.), pour tailleurs, r. du Plâtre, 4.
Crozet (P.) et V. Battur, articles soieries pour tailleurs, modes, chapeliers et pelletiers, spécialités de soldes en tous genres, r. du Plâtre, 4.
Dabonneau, Barrard et Cie, r. Impériale, 31.
Donat (Mme), pl. Tholozan, 22.
Favre fils aîné, r. St-Pierre, 41.
Ferlay et Giraud, pour modes, r. Impériale, 6.
Félix père et fils, r. Constantine, 9.
Garnier (S.), pl. Sathonay, 5.
Guillot et Lacoste, soieries en gros, confection, lingerie, r. de l'Impératrice, 78.
Guiguard jeune et Cie, r. Centrale, 5.
Guy (A.), r. Neuve, 9.
Hayem (A.), r. Grenette, 43.
Jarlin (P.) q. de Bondy, 14.
Juttet, et lainages, r. Mercière, 30.
Klein (Isidore), châles, foulards, r. Dubois, 44.
Lacroix et Cie, velours anglais soie, velours coton français et anglais, lainages de couleurs fantaisies unis, pl. St-Nizier, 5, ci-devant r. de l'Impératrice, 59.
Laforest (G.), r. Grenette, 26.
Laurens et Cie, r. St-Pierre, 39.
Loëb (M.), pl. St-Nizier, 5.
Margaron, r. St-Pierre, 41.
Michaud, achat et vente en solde, soieries, velours, rubans, chenilles, franges et galons, r. Ferrandière, 8.
Mouth et Cie, pl. St-Nizier, 6.
Nordheim et Cie, r. St-Pierre, 41.
Pailler-Bataille (J.), et coupons, r. de l'Impératrice, 9.
Picard (L.) et Cie, magasin du Palais-Royal, soieries, cachemires des Indes et de France, nouveautés en tous genres, draperie, toile et blanc, r. du Plat, 2.
Prevost (A.) et Cie, rubans en gros, r. de l'Impératrice, 45.
Roux (Ernest), articles deuil, r. St-Pierre, 33.
Saint-Prix (Mme de), coupons, r. Ste-Monique, 3.
Silve et Gellon, pour gilets, doublures, etc., r. Grenette, 2.

Trévoux frères, nouveautés, r. de l'Impératrice, 34.
Vincent, pl. des Cordeliers, 8.

Tailleurs.

Ader (J.), Grande Place, 14 (Croix-Rousse).
Aimard (P.), r. Centrale, 38.
Albret (J.-B.), r. Bouteille, 29.
Albert (P.), r. Ferrandière, 30.
Algret, pl. des Terreaux, 1.
Allanic, r. Luizerne, 9.
Alricy (A.), côte des Carmélites, 9.
Arnet, r. de la Platière, 20.
Atanous et Acary, r. d'Algérie, 9.
Auray (B.), r. Servient, 20.
Aymard, cours Morand, 23.
Bajard (P.), r. de la Platière, 14.
Balança, r. de l'Impératrice, 49.
Barbe et Cie, q. de l'Hôpital 71.
Barraille (J.), r. Gentil, 1.
Barret (J.), r. de Trion, 20.
Barret, r. St-Dominique, 5.
Baty, r. de la Charité, 55.
Baudry, r. Mercière, 12.
Bandy (E.), r. Suchet, 19.
Baumstarck, r. de Flesselles, 8.
Baussand, r. Romarin, 29.
Beaume (R.), Grande-Côte, 11.
Beat, r. de la Bourse, 39.
Bel, r. de l'Impératrice, 21.
Belon, r. Gentil, 17.
Beluze, cours Lafayette, 6.
Berlioz et Jubié, r. Childebert, 2.
Berrody et Meuley, place des Terreaux, 7.
Bernuy, r. Confort, 24.
Berthelon, r. Pizay, 12.
Berthelon (A.), r. Pizay, 6.
Berthier et Cie, pl. St-Jean, 2.
Berthier (C.), cours Morand, 38.

Bertholine, grande rue de la Guillotière, 131.
Berton (A.), r. St-Pierre, 20.
Bérujat, r. Tupin, 20.
Besson (B.), r. Constantine, 6.
Best (J.), r. Lanterne, 6.
Betz, r. Impériale, 37.
Bidembach, r. des Marronniers, 8.
Biessy (A.), Grand'Rue, 137 (Guillotière).
Bigallet (J.), Grand'Rue, 50 (Croix-Rousse.
Blanc (A.), r. Centrale, 30.
Blanchard (A.), pl. des Tapis, 3.
Blanchon (F.), r. du Plâtre, 4.
Blazy, r. de l'Arbre-Sec, 9.
Blond (F.), r. de Bourbon, 24.
Bois, r. Dubois, 24.
Boisson (L.), r. Constantine, 16.
Bonnafé, r. des Augustins, 8.
Bonnefille (F.), r. Mercière, 21.
Bonnet (E.), r. Puits-Gaillot, 29.
Bonnet (M.), pl. du Change, 4.
Borel (F.), pl. des Terreaux, 2.
Born, r. Mulet, 5.
Bossant (J.), r. Romarin, 29.
Bouchard (D.), r. de la Bourse, 6.
Bouchy (G.), r. St-Georges, 82.
Bouverot, r. des Capucins, 11.
Boyer (L.), r. Centrale, 52.
Bregand (P.), r. Bât-d'Argent, 3.
Bouvier, r. de l'Arbre-Sec, 13.
Bressieux, cours Vitton, 3.
Brisseaux (E.), r. de l'Arbre-Sec, 4.
Bronn (C.), r. Ferrandière, 36.
Brott (P.), r. St-Côme, 5.
Bruchy (A.), r. Lainerie, 20.
Burtet (L.), r. d'Algérie, 2.
Burtin, r. Passet, 10.
Butin (L.), r. des Quatre-Chapeaux, 16.
Cabanne, r. Confort, 13.
Caillet (J.-R.), r. Romarin, 10.
Canaguier (H.), r. Bât-d'Argent, 8.
Cantié (J.), pl. des Terreaux, 1.

Carré r. de la Préfecture, 8.
Cartier (A.), r. de l'Annonciade, 18.
Castineau, r. de la Barre, 5.
Cathenod, r. Lanterne, 17.
Chaboud (L.), cours Vitton, 2.
Chalbos, cours d'Herbouville, 18.
Champanhet, q. d'Orléans, 10.
Charavel (J.), r. de Villeneuve, 3.
Charbonnier, r. de la Barre, 11.
Charlin (C.), r. Tupin, 14.
Charroin, r. Impériale, 24.
Charvier (J.), r. de la Préfecture, 9.
Chastelière (P.), passage de l'Hôtel-Dieu, 30.
Chaumel, r. St-Marcel, 25.
Chavrier (C.), Grand'Côte, 104.
Chazit fils, r. d'Algérie, 25.
Chevrette (F.), r. Puits-Gaillot, 15.
Cheval (L.-J.), r. St-Marcel, 34.
Cheyssac (F.), r. Vendôme, 139.
Chomet, r. St-Polycarpe, 16.
Clayette (J.), r. Bât-d'Argent, 2.
Clément (P.), Grand'Rue, 32 (Vaise).
Clerc (F.), r. de l'Impératrice, 93.
Clerc (D.), r. d'Algérie, 6.
Clément, r. des Macchabées, 30.
Collin-Rolland, r. d'Algérie, 10.
Collomb, r. d'Austerlitz, 11.
Condamine (B.) et Gleize, r. Impériale, 4.
Confavreux (J.), r. de l'Impératrice, 56.
Contamin, r. Tholozan, 14.
Cottin (C.), r. Jean-de-Tournes, 8.
Cotte, cours de Brosses, 1
Cotton (P.), r. Neuve, 21.
Cuaz, r. Bourbon, 9.
Custer (F.), r. du Palais-Grillet, 11.
Dalmet (F.), place du Change, 3.
Darcey, r. d'Égypte, 4.
Darcey (L.), r. St-Dominique, 4.
Dautreix, r. de l'Impératrice, 85.
Dauvergne, q. Fulchiron, 4.
Deliere (P.-V.), r. Masséna, 37.

Degrange, r. Hippolyte-Flandrin, 11.
Deininger (F.), cours de Brosses, 4.
Déculty, galerie de l'Argue, 29.
Desgrange, r. Claudia, 13.
Dolet (C.), r. d'Oran, 2.
Dubois, r. du Griffon, 7.
Duc, pl. Louis-le-Grand, 17.
Duclaux, r. Grenette, 1.
Ducros (P.), r. St-Joseph, 55.
Dufour (J.), r. St-Côme, 7.
Dufour, r. St-Pierre, 37.
Dulion, Grante-Côte, 1.
Dumas, r. de l'Arbre-Sec, 12.
Dumas (S.), pl. du Marché, 1.
Dupard et Ramel, r. de l'Impératrice, 88.
Dupasquier (C.), r. de l'Annonciade, 6.
Durand (B.), pl. Colbert, 9.
Dusserre, r. Constantine, 6.
Dussert (J.), montée des Carmes-Déchaussés, 12.
Duvivier (A.), r. Vieille-Monnaie, 6.
Doutre, r. Neuve, 6.
Epple (C.), r. Constantine, 6.
Escande (G.), r. Neuve, 12.
Esprit, r. de la Bourse, 55.
Eynard (J.), r. de l'Impératrice, 7.
Faroud (A.), Grand'Rue, 73 (Guillotière).
Faise, r. de la Bourse, 39.
Fayolle (A.), r. Dubois, 23.
Fenetrier (L.), q. St-Antoine, 18.
Ferrières, r. Mercière, 6.
Ficher (J.), pl. Colbert, 4.
Ferra jeune, r. Impériale, 19.
Fix (A.), r. Impériale, 83.
Flory (J.), pl. des Terreaux, 3.
Fongaland (A.), r. Ste-Catherine, 11.
Forest, r. de la Visitation, 5.
Fourcoual, pl. Impériale, 51.
Fray et Monavon, r. Constantine, 6.
Frehse et Cie, r. de l'Arbre-Sec, 19.
Froget (P.), r. Childebert, 21.
Fournier-Faure, r. Cuvier, 22.

Fuchez (J.-C.), articles nouveautés, vêtements confectionnés sur mesures, passage de l'Hôtel-Dieu, 15.
Garnier, r. Impériale, 5.
Garnier, r. Lanterne, 26.
Gauclère (Em.), r. St-Côme, 5.
Gay (J.), r. des Bouchers, 3.
Geandey (F.), r. Neuve, 17.
Germain, Grand'Rue, 61 (Guillotière).
Gervasy (F.), cours Vitton, 5 et 7.
Geynet (A.), r. Ste-Catherine, 4.
Ciboz, cours Morand, 13.
Gilbert (Aug.), r. Mulet, 6.
Gilet, r. Octavio-Mey, 1.
Gille (F.), pl. du Perron, 5.
Girard-Monlord, r. Gasparin, 21.
Girard (J.), r. Romarin, 16.
Girard (L.), r. Impériale, 48.
Girard jeune, r. St-Côme, 5.
Giré (L.), r. Bourbon, 59.
Girod-Richter, r. Dubois, 14.
Gobard, r. Puits-Gaillot, 7.
Godard (A.), r. Centrale, 25.
Gœklinger, r. Dubois, 23.
Gondard (A.), q. de l'Archevêché, 18.
Gonin (A.), r. des Augustins, 1.
Gouby, r. St-Marcel, 25.
Goyet, r. St.-Etienne, 6.
Griffa (C.), r. Champier, 6.
Goyon, r. Neuve, 18.
Gueraud, pl. du Pont, 13 (Guillotière).
Guibal (A.), pl. des Terreaux, 1.
Guillon et Cie, *au Petit Bambin*, r. Centrale, 54.
Guldenmann, pl. des Capucins, 1.
Guyot et Cie, r. d'Algérie, 22.
Hauber, r. Impériale, 3.
Haussmann, r. St-Côme, 6.
Hellinger, r. des Quatre-Chapeaux, 7.
Hermann (P.), r. d'Algérie, 2.
Hess, r. Transversale, 7.
Hervieu, Grand'Rue, 83 (Croix-Rousse).
Imbs (A.), r. Vaubecour, 22.

Jacquemin (J.-P.), Grand Rue, 110 (Guillotière).
Jacquet (A.), r. Constantine, 8.
Jæggli (J.), pl. de la Miséricorde, 2.
Jarry (V.), r. St-Côme, 4.
Jolivet, r. St-Joseph, 34.
Jotterand, r. Mercière, 90.
Joubert, avenue de Noailles, 54.
Jouffraut (R.), r. de la Bourse, 6.
Journet, r. de la Poulaillerie, 14.
Jouve (A.), r. Hippolyte-Flandrin, 11.
Joyon (Vve), galerie de l'Argue, 77.
Kahn, r. Madame, 53.
Kaiser, r. de la Madeleine, 32.
Kasprowite, r. Tramassac, 36.
Klatte (Henri), r. Laurencin, 14.
Koch, cours Morand, 25.
Labully (E.), r. Impériale, 45.
Lagnier (G.), Grand'Côte, 66.
Laugrain, cours Perrache, 13.
Lély (F.), r. Lanterne, 12.
Lollier, r. du Bon-Pasteur, 55.
Loup (B.), r. de Condé, 22.
Marcerolle frères, r. Constantine, 12.
Maron, r. Centrale, 42.
Martin (J.) r. Puits-Gaillot, 3.
Martin, r. des Marronniers, 4.
Martin (J.-B.), r. Ferrandière, 27.
Martin (T.), r. Ferrandière, 38.
Masset (A.), r. Centrale, 39.
Maurin (A.), r. Hyppolyte-Flandrin, 7.
Moyer (L.), q. de Bondy, 25.
Mazière, r. de l'Impératrice, 72.
Méhier, r. Puits-Gaillot, 27.
Métra (A.), r. Vendôme, 131.
Michel (B.), Grand'Rue. 25 (Croix-Rousse).
Milliat (A.), r. Terme, 12.
Mongorgé (F.), r. Grenette, 41.
Morand (P.), r. Romarin, 31.
Morin (C.), pl. Bellecour, 17.
Montamat (H.), Grand'Rue, 3 (Croix-Rousse).
Nancey, r. Champier, 1.

Navel, r. de l'Impératrice, 15.
Neyret, r. d'Algérie, 20.
Neyron, r. Lanterne, 24.
Nugier, r. de l'Annonciade, 24.
Pacallet fils, r. d'Algérie, 21.
Paquier fils, r. de la Poulaillerie, 22.
Patissier aîné, r. de l'Impératrice, 42.
Patissier jeune, q. d'Orléans, 1.
Pautard (E.), r. du Garet, 9.
Pellerin, r. Impériale, 37.
Perresits (L.), r. Luizerne, 11.
Pernon, r. Bourbon, 51.
Perraud, r. du Griffon, 11.
Pérod. r. de l'Impératrice, 48.
Perraud, r. de l'Arbre-Sec, 3.
Perrin (P.) r. de l'Arbre-Sec, 34.
Perrin, r. de l'Arbre-Sec, 34.
Petillier, r. Constantine, 11.
Petit (J.), r. de l'Impératrice, 35.
Peyre (A.), r. Saint-Côme, 2.
Peyrouze et Buy, r. Impériale, 26.
Pfeiffer (A.), r. Romarin, 9.
Philippe (C.), r. Désirée, 9.
Pibouleux (A.), r. de Sèze, 22.
Piloz (B.), Grand'Rue, 92 (Guillotière).
Pizène fils, pl. Saint-Pierre, 2.
Place (L.), q. de Bondy, 22.
Poncet, r. Bourbon, 11.
Prémillieux frères, r. Lanterne, 1.
Prost-Rivet, r. d'Algérie, 18.
Quenard, r. Saint-Pierre, 16.
Quillon (F.), r. de Créqui, 114.
Rabilloud (E.), r. Saint-Côme, 9.
Rabilloud, q. du Prince-Impérial, 10.
Régipas, galerie de l'Argue, 66.
Repelin, r. du Palais-Grillet, 8.
Ressicaud, r. des Quatre-Chapeaux, 9.
Revel (C.), r. Lainerie, 4.
Revel (J.), r. du Commerce, 22.
Rey (B.), r. d'Algérie, 12.
Reynaud (A.), r. Romarin, 29.

Reynaud (L.), pl. Saint-Paul, 5.
Richard (B.), cours Morand, 3.
Richard, r. de l'Arbre-Sec, 14.
Riffard (A.) et Cie, r. Saint-Pierre, 31.
Rigaud (P.), r. du Palais-Grillet, 6.
Robert (J.), cours Morand, 45.
Roch (A.), pl. de l'Hôpital, 3.
Rochedy, Grand'Rue, 177 (Guillotière).
Ronain, Grand'Côte, 130.
Rousset (Vve), r. Vieille-Monnaie, 21.
Roze (P.), r. de l'Impératrice, 54.
Ruel (M.), cours Morand, 20.
Sablairolles (J.), r. du Commerce, 37.
Sacerdote, r. Impériale, 64
Samson (A.), pl. des Cordeliers, 12.
Sackman, r. de l'Impératrice, 29.
Sand (Georges), r. de l'Arbre-Sec, 26.
Sandre (L.), r. des Trois-Maries, 17.
Sandre, q. de l'Archevêché, 20.
Savoye, r. Dubois, 33.
Schæefer (C.). r. Sainte-Monique, 4.
Schuster, r. Pizay, 6.
Schneider, r. du Mail, 2.
Serutti (F,), pl. Morel, 10.
Servonnat, cours Morand, 5.
Sicard (A.), r. Ste-Catherine, 18.
Sougnez, pl. des Terreaux, 9.
Spoel (J.), r. d'Algérie, 3, au 2e.
Spohr (J.), cours, Vitton, 42.
Surel, r. de Chabrol, 14.
Tardy (F.), r. Neuve, 29.
Talleux, cours Morand, 53.
Theru frères, r. Lanterne, 9.
Thollon (L.), r. des Augustins, 3.
Thomas (C.), r. du Bon-Pasteur, 28.
Thomas (C.), r. Grôlée, 36.
Thomas (J.), r. Ste-Marie, 1.
Tiradon, r. Terme, 4.
Trembly, r. de l'Impératrice, 99.
Trolliet et Egraz, r. Impériale, 45.
Varay, r. du Plâtre, 9.

Velay (C.), r. Lanterne, 2.
Verdan (L.), r. Tupin, 16.
Vernaud, r. Childebert, 1.
Veyret (A.), r. Impériale, 48.
Veyret (F.), r. de l'Impératrice, 59.
Voland et Cie, r. de la Platière, 9.
Voland (J.), r. Mulet, 4.
Wagner r. Pizay, 22.
Wargnier et Frehse, r. de l'Impératrice, 5.
Zacharie (A.), r. Passet, 7.

Tailleurs (fournitures pour).

Cassagne-Ducret, r. Impériale, 42.
Combrichon (A.), fournitures en tous genres, soieries, coutils, r. du Plâtre, 4.
Crozet (N.) et V. Battur, r. du Plâtre, 4.
Gudin jeune, r. du Plâtre, 10.
Guy, r. Neuve, 9.
Lapierre (A.), r. de l'Impératrice, 15.
Meyré, petite r. Longue, 9.
Mignot-Drevet, pl. Impériale, 40.
Münch et Cie, r. Mulet, 12.
Nevière et Chatelard, mercerie, boutons, r. Centrale, 7.
Pépin (A.), r. du Plâtre, 8.
Trolliou (Joanny), r. Constantine, 11.
Sylvestre frères, r. de l'Impératrice, 67.
Vallet aîné et Magnin, r. Saint-Pierre, 10.

Tapis (fabricants et marchands de).

Blanc (G.), r. de l'Impératrice, 84.
Blanc (Jean), q. St.-Antoine, 23.
Brémond (H.), r. Childebert, 17.
Chambard (C.) et Cie, maison spéciale; tapis, et ameublements, dépôt d'articles d'Aubusson, place Impériale, 51.

Coudour frères, sparterie, r. Delandine, 30.
Dumas (P.), sparterie, montée des Carmes-Déchaussés 14.
Empaire (Vve) et fils, r. Impériale, 22.
Farnaud Laugier (J.) et Cie, en sparterie, r. Impériale, 9.
Mignot (P.), pl. du Gouvernement, 4.
Marthouret fils et Cie, sparterie, à la Mulatière.
Million (A.) et Cie, et ameublements, avenue de Noailles, 44.
Raffin, tapis et paillassons en sparterie en tous genres, toiles cirées, garde-nappes, sacs à charbons et à coke, pl. Léviste, 4.
Raffin (Mme), sparterie, r. de la Loge, 1.
Testanier (A.) et Cie, fabrique de tapis en sparterie, paillassons en tous genres, sacs à charbon et coke, gros et détail, r. Bourbon, 14.

Tapissiers (fournitures pour).

Crozet (G.), fabrique d'élastiques pour siéges, q. de l'Hôpital, 6.
Dupuis frères, étoffes d'ameublement en tous genres et fabrique de ressorts pour siéges et sommiers, r. de Jussieu, 3, près la pl. Impériale.
Eude et Vieugué, r. Grenette, 4.
Greppo, fournitures générales pour tapissiers, r. des Célestins, 6.
Poirier dépôt de velours d'Utrecht, fabrique de ressorts, fournitures pour tapissiers, r. Gasparin, 18.
Quenin, dépôt de velours d'Utrecht, de (J.) Boquet et Cie, d'Amiens, spécialités d'étoffes de soieries pour ameublement, fournitures pour tapissiers, r. des Maronniers, 2

Toiles.

Allerat (C.) et Cie, r. de l'Impératrice, 67.
Alix (A.-J.), toiles peintes, r. Bât-d'Argent, 18.
Aubert, Bassot et Dousselin, r. de l'Impératrice, 27.

Barbezieux (J.), gr. r. Longue, 25.
Berchoux et Cie, r. Centrale, 15.
Blanc, Grand'Rue, 51 (Guillotière).
Blanc (J.), r. Vieille-Monnaie, 1.
Béranger et Gonnet, pl. St-Nizier, 5.
Bonnassieux père et fils, r. de l'Impératrice, 23.
Chaffange, q. St-Antoine, 29.
Chardeyron (J.), gr. r. Longue, 21.
Chartron (C.) et Cie, r. Centrale, 26.
Chevelu (A.), r. Terme, 10.
Chevrolat-Bonardel, r. St-Pierre, 5.
Colin et Berton, r. Centrale, 9.
Coquard frères, r. St-Pierre, 37.
Coulon (X.) fils, gr. r. Longue, 22.
Dabonneau, Barrard et Cie, r. Impériale, 31.
Defond, gr. r. Longue, 14.
Delanoë, Grand Côte, 99.
Desguers (E.) et Cie, r. de l'Impératrice, 25.
D'Hauteville et Cie, r. de l'Impératrice, 19.
Dumoulin (J.-B.), toilerie en tous genres, linge de table, gros et détail; manufacture de chemises et flanelles sur mesure. Un coupeur de Paris est attaché à la maison. r. Impériale, 15, angle de la rue Neuve.
Empaire (Vve) et fils, étoffes, ameublem., r. Impériale, 22.
Faidy frères et fils, pl. St-Nizier, 2.
Finette cousins, r. de l'Impératrice, 33.
Garcin cadet et fils, gr. r. Longue, 25.
Gauthier aîné et Cie, r. de l'Impératrice, 42.
Genet (L.), Grand'Rue, 32 (Guillotière).
Grouès (A.), gr. r. Longue, 27.
Harty (J.), toiles d'emballage, r. de l'Impératrice, 61.
Hebert-Pâque, r. Romarin, 12.
Hue Chesnel et Bouthéon, r. Bât-d'Argent, 1.
Jouve, Dulac et Cie, r. Bât-d'Argent, 8.
Marpot-Pittion, r. St-Pierre, 39.
Martin père et fils, gr. r. Longue, 25.
Melquion, Couthon et Thevenas, r. Gentil, 4.
Meyran (A.), r. de l'Impératrice, 39.
Mollard jeune et Cie, r. Grenette, 4 et r. Mercière, 35.
Münch et Cie, fournitures pour tailleurs, r. Mulet, 12.
Neyret (J.) et Cie, r. Grenette, 18.

Offant, Boisson et Décombe, r. de l'Impératrice, 40.
Paris, Guicherd et Cie, r. de l'Impératrice, 42.
Passot et Bertrand, pour sacs, q. d'Orléans, 12.
Pelet et Cie, pour emballage, r. Ste-Marie, 2.
Perrod fils aîné, gr. r. Longue, 23.
Perrot et Cie, toilier en tous genres, r. St-Pierre, 35.
Pras jeune, r. Terraille, 6.
Roux-Benoît, r. Grôlée, 32.
Thévenin jeune et Cie, gr. r. Longue, 20.
Valette et Cie, r. Bât-d'Argent, 11.
Vaucheret et Cie, *au Bât-d'Argent*, r. Impériale, 9.
Vidal (A.) et Cie, r. de l'Impératrice, 38.

Toilette (march. à la).

Baussard (Mme), r. Sala, 44.
Blanc, r. St-Joseph, 40.
Bourde (Vve), q. de l'Archevêché, 15.
Bozon, r. de la Part-Dieu, 2.
Gay (Vve). r. Childebert, 4.
Maroc (Vve), q. de l'Archevêché, 15.
Michaud, r. Confort, 14.
Rousset, r. de l'Annonciade, 17.

Toiles cirées.

Chazottier et E. Roy, q. d'Orléans, 2.
Courjon et Cie, manufacture générale de toiles cirées et taffetas gommés, parquet spécial pour appartements et voitures; tapis ronds pour tables et escaliers, fournitures pour chapellerie, bâches pour camions et bateaux, tuyaux et vêtements en caoutchouc, r. de l'Impératrice, 63 (usine à Montplaisir).
De Formel (Vve), r. Grenette, 16.
Ducarre et Cie, q. d'Orléans, 10.

Genthon (J.), r. Centrale, 39.
Guetard, r. Confort, 13.
Gruyer (A.) et fils, fab. de toiles imperméables par l'effet de la vapeur, bâches, suif et graisses pour machines et roulage, cours de Brosses, 2.
Harti, toiles d'emballage, r. de l'Impératrice, 61.
Meillard (A.-R.), seul fabricant du papier-toile pour emballage, breveté en France et à l'Etranger; médaille de la Société d'encouragement de Paris, 1862; expédition, exportation, r. Moncey, 149; dépôt à Paris, r. des Jeûneurs, 46 et r. St-Martin, 325.
Mottet (H.) et Cie, r. Centrale, 31.
Plattard (Vve), q. St-Antoine, 29.
Viallon aîné, r. Thomassin, 18.
Yvose-Laurent et Cie, q. de l'Hôpital, 41.

Changements survenus pendant l'impression

Flachat (J.-C.), mercerie en détail, pl. des Cordeliers, 4.
Henry (A.) et Jouve, ornements d'église, rue du Garet, 3.
Momblet et Vernet, foulards imprimés, rue Pizay, 12.
Morellon (J.) et Cagear, unies et velours, pl. Croix-Pâquet, 9
Plantin (P.) et Faisant, apprêteurs, velours, galons, armures pour cols et ornements d'église, moire pour robes et gilets en tous genres, rue Vieille-Monnaie, 35.

INDICATEUR

DES

PROFESSIONS DIVERSES

Étrangères aux Industries du ressort des Tissus

ABAT-JOUR. P. JUTTET, fabricant d'abat-jour avec baldaquins en fonte, nouveau système. Réparations en tous genres, rue Sala, 42, allée des Bains, près l'église St-François.

WOLFF, fabricant d'abat-jour, place St-Michel, 7.

AGENTS D'AFFAIRES. GUICHARD (A.), cours de Brosses, 14, cabinet d'affaires et d'écritures, ventes et achats de tous fonds de commerce, créances, propriétés, etc. Se charge de tous genres de recouvrements et fait les avances des frais. Représentation devant tous tribunaux de paix et de commerce.

MURON (J.-L.). légiste, cabinet d'affaires et d'écritures, et ventes de fonds de commerce, passage Donat, près l'église St-Polycarpe.

THIVOLLE et Ce, rue du Garet, 6, recouvrements à forfait, sur la France et l'étranger; ventes et achats de fonds de commerce et propriétés, liquidation de successions, de faillites; poursuites judiciaires, défenses devant les tribunaux de commerce et de justice de paix, placements de capitaux dans le commerce et par hypothèque.

AGRICULTURE (MACHINES POUR)

DAUJAT (Louis), mécanicien-constructeur, dépôt central de machines agricoles, spécialité de batteuses et tous autres instruments propres à l'agriculture, 15 médailles d'encouragement or et argent à divers concours régionaux, rue Monsieur, 51.

ALLUMETTES hygiéniques de sureté au phosphore amorphe.

COIGNET Frères et Ce, Lyon, rue Rabelais, 3. Ces allumettes se trouvent dans tous les bureaux de tabac et dans la plupart des maisons d'épicerie.

ALCOOL DE MENTHE DE RICQLÈS

cours d'Herbouville, 9 (voir aux annonces).

ANTIQUITÉS ET CURIOSITÉS.

M. BOTTON, membre de diverses sociétés archéologiques, fabricant de meubles style gothique et renaissance, maison la plus ancienne et spécialement recommandée pour les tableaux de maître, objets d'art, antiquités et curiosités en tous genres, expert et appréciateur, place Bellecour, 36.

M. GAUTIER, rue de la Charité, 15. Grand assortiment de meubles anciens. Tableaux, objets d'art, soieries anciennes.

JOSEPH SPIRIDON, de Rome, rue de l'Archevêché, 2, dans la cour, négociant de tableaux en tous genres pour musées. Collections particulières, salons, châteaux, salles à manger, et un grand assortiment de tableaux religieux, anciens et modernes de toutes dimensions, y compris quelques objets d'art, tels que meubles anciens, marbres, etc.

VAGANAY (N.-J.), expert, antiquités, médailles, tableaux, armes, bijoux, porcelaines, émaux, etc., etc., spécialité pour tous objets d'art, rue Impériale, 71, près Bellecour.

ARCHITECTES. CHARNAL, architecte, rue Terme, 13.

ECHERNIER (Casimir), architecte, r. St-Dominique, 13.

FALCOUZ fils, architecte, rue des Célestins, 10.

MARTIN (Pierre), rue des Remparts-d'Ainay, 7. Cabinet de 8 à 10 et de 1 à 5.

ASSURANCES. L'ABEILLE. Assurance contre l'incendie, avec toute combinaison, à primes fixes; contre la grêle, représentée à Lyon par J. FOREST, directeur divisionnaire. et par TRIBOLET, agent général, bureau rue Impériale, 42. Capital social : 20 millions de francs.

CAISSE GÉNÉRALE DES ASSURANCES agricoles et contre l'incendie. Capital de garantie : 12 millions. Assurances à primes fixes contre l'incendie. Seule grande compagnie qui accorde à ses assurés une participation de 20 °/₀ dans ses bénéfices et par le paiement d'une faible surprime, garantit intégralement les locataires des recours des propriétaires, quelle que soit l'importance de la somme réclamée. Succursale de Lyon : 78, rue de l'Impératrice. M. J. LECAT, directeur-inspecteur. — M. J. BÉRARD, directeur-adjoint.

CAISSE GÉNÉRALE DES FAMILLES. Assurances sur la vie. Rentes viagères. Garanties : 10 millions en capital, immeubles et rentes. Taux très-avantageux, discrétion absolue. Succursale de Lyon, 78, rue de l'Impératrice, M. J. LECAT, directeur-inspecteur, M. L. GRANDIN sous-directeur. Sur demande, un fondé de pouvoir se rend à domicile avec les tarifs.

LA CONFIANCE. Assurance contre l'incendie, autorisée par ordonnance royale, r. Grammont, 21. M. PRÉAUD, directeur à Lyon, place des Cordeliers, 1.

LA FRANCE. Assurance contre tous les risques d'incendie mêmes ceux occasionnés par le feu du ciel, et contre les explosions de gaz et d'appareils à vapeur.

LA SEINE. Assurance contre les accidents de voiture. Direction de Lyon, Paul EYMARD, rue Constantine, 22.

LA GÉNÉRALE. Compagnie anonyme. Assurance sur la vie, contre l'incendie, contre la grêle, contre les risques de navigation maritime et fluviale. Siége social à Paris, rue Richelieu. Direction de Lyon, DE BERNE et MUFFAT, directeurs, place de l'Impératrice, 9.

L'IMPÉRIALE. Compagnie anonyme d'Assurances sur la vie autorisée par Décret du 29 mars 1854, Capital social: 5,000,000, Immeubles 5,400,000, total 10,400,000 francs. Indépendamment des fonds provenant des Assurances et des Constitutions de rentes viagères. P. GARLON, agent général à Lyon, place St-Nizier, 5, à l'entresol.

LA NATIONALE. Assurance sur la vie, garantie : 7,000,000, assurances en cas de décès, dots des enfants, rentes viagères. Aucune compagnie ne réunit des garanties aussi considérables. Agents généraux, AYNARD et RUFFÉR, r. Impériale, 19, au premier.

LE SOLEIL. Compagnie anonyme d'assurances, fondée le 16 décembre 1829; contre l'incendie, la foudre, les explosions du gaz et des machines à vapeur. Fonds social : 6,000,000; réserve : 4,000,000; primes annuelles : 5,000,000. Direction à Lyon, E. DELAFOSSE, rue de l'Impératrice, 3. Assurance exceptionnelle contre les risques d'émeutes, d'explosion de poudrières, moyennant une prime spéciale.

THE GRESHAM. Assurances sur la vie, rentes viagères, constitutions de dots, dotation des enfants. Direction à Lyon, W. MEURER, place Tholozan, 18.

BAINS. DUPONT, cours de Brosses, 1, bains de vapeur aromatique de fumigation. Ils ont la propriété de guérir promptement toutes les maladies dépendant de la circulation du sang, tels que refroidissement, courbature, névralgie, paralysie, rhumatisme goutteux, aigü et articuleux.

MULATON (J.-P.), bains St-Antoine, quai St-Antoine, 30, et rue Mercière, 64, maison du Cercle musical. Cet établissement se recommande par sa bonne tenue. Bains ordin. et médicaux, baignoires émaillées pour les bains sulfureux.

BOURCET, bains d'Ainay, près l'église, place d'Ainay, 4, et rue Bourgelat, 7, bains ordinaires, sulfureux et autres médicinaux, baignoires en émail, bains à domicile, appareil pour linge chaud. Un Pédicure est attaché à l'établissement. Cet établissement, bien situé est recommandable pour être bien tenu.

BALANCES ET BASCULES. Ve CATENOT-BÉRANGER, successeur de Béranger ❋ et Ce, instruments de pesage brevetés, fournisseur des administrations de la Guerre, de la Marine, Chemins de fer, Octrois, etc., rue Centrale, 41, usine et fonderie de deuxième fusion, à la Mulatière près Lyon, à Paris boulevart Sébastopol, 4; à Marseille rue du Paradis, 31, et à Naples.

BANDAGISTES. GOURJU, fournisseur des hôpitaux, quai des Célestins, 11. Bandages brevetés de la maison Wickham frères de Paris.

LECLERC, rue Centrale, 35, au 1er. Élève de MM. Burat frères à Paris, brevetés s. g. d. g., fournisseur des Hospices et des Administrations impériales.

SCHLESINGER, r. de l'Impératrice, 80, angle du passage de l'Argue. Nouveau système anatomique pour contenir les hernies les plus volumineuses, grand assortiment d'articles de chirurgie en caoutchouc.

BILLARDS. BARRAL père et fils, brevetés s. g. d. g., spécialité et bandes élastiques, billards perfectionnés, parquets en pierre, ardoises d'Angleterre et en verre-glace, brevetés s. g. d. g., commission et exportation, rue des Célestins, 6.

JACQUEMONT, spécialité de bandes en caoutchouc vulcanisées et métalliques, billards de luxe et ordinaires, rue Ste-Hélène, 16. Inventeur breveté des bandes évidées, bien supérieures à ce que l'on a fait jusqu'à ce jour.

TRUCHE, breveté s. g. d. g., fabrique de billes de billards, procédés et accessoires, abonnement aux billes de billards, fabrique de miroirs pour la chasse des alouettes, rue Bât-d'Argent, 12.

BROCHEUR DE LIVRES. MORNEAUX-MARGUERON, satinage, assemblage, pliures et rognures d'imprimés, rognures fines pour emballer, rue Dubois, 18. Cette maison est connue depuis 20 ans pour la régularité et le bon confectionnement de son travail.

BROSSERIE. SIGAUX, fabrique de brosses pour appartements, équipages, soufflet et plumeaux de Paris, etc., répare les soufflets fins et autres, dépôt de cirage, rue du Plat, 9.

CABINET DE LECTURE. CERISIER, place Bellecour, 26. Abonnement aux journaux, locations de revues, entreprise d'affichage et d'annonces.

CAOUTCHOUC. Alexandre SCHLESINGER, rue de l'Impératrice, 80, angle du passage de l'Argue. Fabrique spéciale pour les usines et l'arrosage, tuyaux et feuilles de toute grandeur.

CARROSSIER. COLLOMB, carrossier, rue de la Charité, 11.

CARTES A JOUER. PELLEGRIN C. fabrique de cartes à jouer surfines, opaques, cartes blanches et couleurs pour lithographie et commerce, rue Lanterne, 28.

CARTONNIER. HUGON, J. T., fabricant de cartonnages, spécialité de boîtes pour bijoutiers et pharmaciens, rue Mercière, 39, et rue Tupin, 1.

CHALES. TARDY, réparation de châles cachemires des Indes et de France, mise en carré des châles longs, ravivage des couleurs, transformation des châles tapis, changement de la nuance des fonds de châles, franges et bordures, rue St-Dominique, 2.

CHANGEUR DE MONNAIES. COCHARD-MONTALAN, changeur de monnaies, marchand orfèvre, achat d'or et d'argent, achat de coupons de rentes, place des Terreaux, 1.

CHARBONS (Poids public des). Cet Etablissement, placé sous la surveillance des autorités judiciaire et administrative, a été créé dans le but de garantir l'exactitude des livraisons de charbons. Les droits ont été fixés a 0 fr. 75 c. (tare comprise) par chaque voiture vérifiée, quel qu'en soit le poids. Magué (A.), préposé, cours Charlemagne, 12.

CHAUSSURES. E. FASSY, bottier, chaussures de premier choix, composition imperméable pour la chasse, rue d'Algérie, 14.

CHEVAUX La maison NATHAN, rue de Créqui, 75, à Lyon, a constamment dans ses écuries un fort beau choix de chevaux de tous genres.

CHIMISTE. RAIDELET, ancienne maison Puy-Radisson, affinage de platine, palladium et autres métaux pour chimistes et dentistes, creusets et vases de chimie, laboratoire industriel, commercial et agricole, rue Centrale, 3.

CHOCOLATS. MORALES, successeur de Barrade, rue Bourbon, 21, au fond de l'allée, fabrique de chocolat Espagnol, chocolat fin à 1 fr. 60 au lieu de 2 fr. 25, crême et praliné 3 fr. 50 au lieu de 5 fr.

TELLIÈRE, fabricant de chocolat, passage de l'Hôtel-Dieu, 20, chocolat de santé, bon, ordinaire, 1 fr. 75 c. le demi-kilogramme, cacao pur, qualité supérieure, à 2 fr. chocolat à la vanille, première qualité, à 2 fr., chocolat praliné et à la crême, pur caraque, qualité de 5 fr., à 3 fr. 50 c.

H. AGREIL, confiseur, fabrique de chocolat, boîtes pour mariages et baptêmes, vins fins et liqueurs, quai St-Antoine, 10.

COFFRE-EORTS. MOTHAU, fournisseur général des chemins de fer, des ministères, des principales administrations, etc., serrures de sûreté en tous genres, à secret et à combinaison, coffre-forts incombustibles, breveté et expérimentés, rue Royale-St-Honoré, 20, à Paris; succursale à Lyon, passage de l'Hôtel-Dieu, 8.

COMMISSIONNAIRE EXPÉDITEUR

DOLZ (C.-P.), quai St-Clair, 16, commissionnaire-expéditeur de la cour de Russie, représenté à Lyon par M. (G.) Müller (voir aux annonces).

DÉCORATION EN BOIS DÉCOUPÉ

Ateliers de menuiserie et parquets, Léon ROUDIL, rue Servient, 4, près le pont de l'Hôtel-Dieu. Spécialité de découpage pour châlets.

DÉMÉNAGEMENT. FANTON fils, jeune, entrepreneur de déménagements pour la ville et la campagne, toute la France et l'Étranger, place St-Pothin, derrière l'église.

DENTISTE. M. RICHARD et le docteur PIGUET, dentistes des communautés religieuses, spécialité pour l'application des dents, rue du Commerce, 2.

DISTILLATEUR D'ESSENCE.

VERNAISON, successeur des frères Serre, seul fabricant de la véritable eau des Carmes, eau d'arquebusade, elixir de longue-vie, rosée de vie, montée St-Barthélemy, 13.

EAUX MINÉRALES. Entrepôt général; françaises et étrangères, chez VACHON, cloître des Chartreux, 24.

ENCRE. S. SECRÉTANT (*A l'Espérance*), fabrique spéciale d'encre veloutée, seul inventeur et fournisseur des écoles communales et de diverses communautés religieuses du département du Rhône, depuis 1858, rue du Bœuf, 32.

ENGRAIS. Extraits des os, par COIGNET père et fils et Cie, noir animal vierge, os en poudre, esquilles d'os neufs, cornaille et marcs de colle pour fumer la vigne, plâtre phosphate et engrais phosphaté et animalisé. Entrepôt central pour Lyon, place de la Pyramide, à Vaise.

ENTREPRENEURS. E. FLICOTEAUX, entrepreneur de plomberie et fontainerie de la Compagnie générale des eaux, place Bellecour, 21.

MICHEL Louis, entrepreneur de subsistances militaires place des Célestins, 5.

ESCRIME. FAVRE, professeur d'escrime, vient de créer, avenue de Saxe, 152, une école d'escrime, de canne et de danse. Tous les quinze jours, il donnera des assauts civils et militaires. Il prie les amateurs qui voudraient en faire partie de se faire inscrire d'avance.

ÉTAGÈRES (FABRIQUE) Fabrique d'étagères en tous genres de BIORD, fabrique d'étagères de deux nouveaux systèmes, montées en chêne et sur fer, fermant à clef et pouvant contenir 250 bouteilles, hauteur 1 mètre 50, largeur 1 mètre 20, planches à bouteilles percées à la mécanique, rue de la Charité, 22, en face de la Mairie du 2me arrondissement.

FACTAGE. SOCIÉTÉ LYONNAISE, Administration rue des Archers, 7, bureaux dans tous les quartiers de la ville, distribution de prospectus, programmes, circulaires, lettres de décès, collage des affiches. Entretient des appartements et magasins par abonnement au mois et à l'année. Déménagements et transports de toutes espèces de marchandises.

FERBLANTIER-LAMPISTE. P. CURTUIS, tient un assortiment de verres et mèches pour lampes d'ouvriers et modérateur, et spécialité de pompes, fait l'ouvrage de bâtiment en tous genres, zinc laminé, plomb, cuivre et tôle, rue Imbert-Colomès, 24.

FONDEURS DE CUIVRE. BRANCIARD, fabricant de toutes sortes de robinets en cuivre et articles de filatures, poids à peser en cuivre et en fonte, achat de vieux cuivre, rue de la Barre, 16, au 2me.

FOURNET, Laurent, fondeur de cuivre, breveté s. g. d. g., rue de la Charité, 76 et rue Duhamel, 12, sonnettes ordinaires, ovales, tyroliennes et cloches, grelots français, romains, argentins et d'ordonnance.

FOURNITURES DE BUREAUX. Dépôt de Paris, fournitures pour papetiers, relieurs, cartonniers etc. Maison Henri QUEYRAS, RAIMOND aîné, successeur, rue Impériale, 33 et rue Tupin, 38 ; spécialité de portefeuilles et porte-monnaies en tous genres; peausserie et autres fournitures pour relieurs, enveloppes. Achats et vente à la commission de tous articles de Paris et autres.

FOURRURES. RITTMANNSPERGER Michel, rue de l'Impératrice, 36, magasin de pelleteries en tous genres, on conserve les fourrures pendant l'été.

TREYVOUX (F.) et PONDEVEAUX, pelleteries et fourrures, rue St-Dominique, 1 (voir aux annonces).

FROMAGES. BLANC, marchand de fromages de toutes qualités, *au Mont-d'Or*, ancienne maison Blanc, rues de l'Aumône et Belle-Cordière, rue de Bourbon, 45.

FUMISTE. DOUCET aîné, constructeur de fourneaux de cuisine, calorifères et cheminées en tous genres, quai de l'Archevêché, 14.

GÉOMÈTRE. SECRÉTANT, géomètre vérificateur, rue Cuvier, 51.

GRAINES DE VERS A SOIE. CHABOD fils, négociant, marchand de graines de vers à soie, rue St-Dominique, 11 (voir aux annonces).

GRAINIER. SIMON jeune, commerce de graines pour la grande et la petite culture, place de la Charité, 2.

GRAVEURS. BELLY, graveur sur métaux, cachets, timbres, poinçons, écussons, plaques de portes, etc., billets de visite, lettres de faire part, adresses et factures, etc. Lettres en relief métalliques ou en bois pour enseignes, alphabets à jour, spécialité de fers à dorer pour la chapellerie, rue St-Marcel, 25.

L. SCHMITT, GRAVEUR EN MÉDAILLES, directeur des cours de dessins de la Société d'instruction primaire du Rhône, rue de Bourbon, 9.

VAGANAY, graveur, *aux Armes de France*, passage de l'Hôtel-Dieu, 34. Spécialité de timbres, griffes, plaques, enseignes, cachets, armoiries. Cachets de luxe, cartes de visites en tous genres, prix réduits. Dépôt de presses de Paris à levier, timbre sec, gravure comprise, 15 francs.

HORLOGER. BROSSIER, construction et entretien d'horloges publiques pour églises, mairies, châteaux, usines et couvents, paratonnerres et girouettes, tournebroches et machines de rotation ; construction sur dessin ou sur modèle de toutes machines ou pièces détachées pour filatures, fabriques ou moulinages, roues et pignons en tous genres, régulateurs, compteurs, croiseurs, etc. Machines et instruments de précision en général, rue de Penthièvre, 2.

HORTICULTEURS. BIÉTRIX-SIONEST, propriétaire-amateur, spécialité de noyers greffés, médaille d'argent au concours de Bordeaux en 1862, médaille d'argent au concours de Chambéry, juin 1863. On remet gratuitement des greffes, rue Neuve, 12.

BELLISSE, place des Terreaux. — Culture : rue St-

Pierre-de-Vaise, 45. Bouquets de fêtes, garnitures pour bals et soirées, assortiment de plantes en vases, collections de plantes vivaces et de serres pour l'ornement des massifs.

CHARVOLIN, horticulteur et jardinier-fleuriste, collection de plantes de serre et bouquets à la main, garnitures de salon, arbustes et plantes vivaces de pleine terre, collection de rosiers francs de pieds et greffés, montée de la Boucle, 17 et 19 (Caluire).

FERLAT (Alexis), botaniste, spécialité pour les plantes médicales, rue Gorge-de-Loup, 11, Vaise.

GORRET père et fils, collection de rosiers remontants en tous genres, arbres fruitiers et arbustes, plantes vivaces et plantes pour massifs; se chargent de la plantation, de la taille des arbres et de l'entretien des jardins, route du Bourbonnais, 31.

LIABAUD, horticulteur, montée de la Boucle, 4.

F. MOREL, dessinateur, entrepreneur de jardins en tous genres, rue des Souvenirs, 9, près la place de la Pyramide.

HOTELS DU HAVRE ET DU LUXEMBOURG REUNIS.

Tenus par Pagnoud et Allot, rue St-Dominique, 3, et rue Gasparin, 6. Chambres et appartements pour famille.

HOTEL DU NORD. Tenu par Molliet Baty, rue Lafont, 18, au centre des affaires, près de la Préfecture et du grand Théâtre.

HOTEL DE PARIS. Rue de la Platière, 16, tenu par Bochet Augustin, au centre des affaires, table d'hôte et service particulier. Chambres à 1 fr. et au-dessus.

HOTEL DES PRINCES. Sage-Dumillier, rue St Dominique, 10, passage Couderc, au centre de la ville, table d'hôte à dix heures et demie du matin et à six heures du soir, restaurant à la carte et à prix fixe.

HOTEL DES 4 NATIONS. Rue Sainte-Catherine, 9, près la place des Terreaux, Granon-Hamon, successeur de Vaubertrand, table d'hôte à 2 et à 6 heures, services particuliers à toutes heures, pension au mois et au cachet, bonne cuisine et bonne table, remise et écurie.

HOTEL DU CHEVAL NOIR. Bussaud, maître d'hôtel avec restaurant, rue du Port-du-Temple, 16.

HOUBLONS. KOLL Christophe, marchand de houblons, rue d'Auvergne, 6, quartier d'Ainay.

HUILES MINÉRALES & VÉGÉTALES

P. JACQUES et Cie, usine chemin de Gerlan, pétroles, schistes et essences, huile d'olive pour l'ensimage des laines, graisse de toute nature pour machines et engrenages, bureau cours Lafayette, 5, passage Coste.

IMPRIMERIES TYPOGRAPHIQUE ET LYTHOGRAPHIQUE.

F. PINIER, rue Tupin, 31. Impressions en tous genres, journaux, livres, ouvrages de ville, circulaires, mémoires, albums, vignettes, affiches de tous les formats, gravure, mandats, têtes de lettres, ouvrages d'administration, tableaux, travaux de luxe, prospectus divers, factures, lettres d'avis et de funérailles, cartes, reliures, registres.

L. JACQUET, imprimerie typographique et lithographique, administrative et commerciale, impressions en tous genres, noires et couleurs, rue Sainte-Marie, 4, et rue des Capucins, 6.

VINGTRINIER Aimé, imprimeur du Courrier de Lyon, de la Société de médecine, des Théâtres, directeur de la Revue du Lyonnais, rue de la Bellecordière, 14.

IMPRIMEURS LITHOGRAPHES.

DEMONT, rue du Palais-Grillet, 22, imprimerie lithographique, impressions de luxe, spécialité d'étiquettes et de tableaux en couleurs pour liquoristes.

FUGÈRE frères, imprimeurs de l'École impériale des Beaux-Arts, impressions de luxe, commerce, cartes de visite, etc., rue de l'Arbre-Sec, 10, et rue Bât-d'Argent, 5.

RAMBOZ frères, impressions de commerce et d'administration, spécialité de cartes de visite, place des Terreaux, 7.

INGÉNIEUR. ACLOQUE, ingénieur des ponts et chaussées et de la compagnie des chemins de fer de Paris à Lyon et à la Méditerranée, rue Bourbon, 48.

INTERPRÈTE. DON CARLOS HÉVIA, expert, interprète et traducteur en titre près les Tribunaux et les mairies de Lyon, 37, rue Thomassin, près la rue Impériale.

JOAILLERIE ET BIJOUTERIE.

H. BALANCHE et BOURDIER, ancienne maison Balanche père, spécialité de diamants et pierres fines, rue de l'Impératrice, 48.

VERGOIN et GARBIT, orfèvres, successeurs de Blanc et Cie, fabrique de joaillerie et bijouterie, dépôt de montres, gros, détail et commission, place d'Albon, 13.

LAMPES POUR TISSEURS, Manoha, Brevetées s. g. d. g. Spécialité de lampes en tous genres pour Tisseurs, Dévideuses, Ourdisseuses et Passementiers, rue Monsieur, 41, aux Brotteaux.

LETTRES EN RELIEF MÉLEZ T. Jeune, Fabrique spéciale d'enseignes peintes en relief et gravées ; écussons et stores, lettres en cristal (pose garantie), rue Childebert, 23.

LIBRAIRIE MODERNE JOSSERAND (P.-N.), Libraire-éditeur à Lyon, place Bellecour, 3. Théologie, philosophie, piété, éducation et classiques. — Dépôt de la nouvelle maison Périsse frères, de Paris.

DALÉRY (Jean), 9, rue de la Barre. Abonnement aux journaux, musique et chansons nouvelles.

GUÉRIN, librairie moderne et musique, abonnement à la lecture, quai de Retz, 27.

MATHIEU (Bernard), libraire-papetier. Abonnement à la lecture, journaux et almanachs en tous genres, rue Terme, 3, près la gare.

MEGRET (J.-P.), librairie médicale, ancienne et moderne, sciences, industrie, agriculture, art vétérinaire, abonnement aux journaux scientifiques, quai de l'Hôpital, 57.

METON, libraire, quai des Célestins, 7, acquéreur des ouvrages suivants :

Histoire de Lyon, par Monfalcon, 2 volumes grand in-8°, 14 fr. au lieu de 25 fr.

Description des antiquités et épigraphes antiques du département du Rhône, contenues dans les salles et galeries du Palais-Saint-Pierre, 2 volumes in-4°, grand nombre de planches : 35 fr. Cet ouvrage n'est pas dans le commerce.

PERRIER C. Cabinet de lecture, un des plus anciens de Lyon, est recommandable par le grand choix des ouvrages qu'on y trouve, rue Hippolyte-Flandrin, 8.

RICHARME (Auguste). LIBRAIRIE ANCIENNE, quai de l'Hôpital, 49, Lyon. Livres anciens dans tous les genres. Publication de catalogues.

ROUX (A.), ancienne librairie Ayné. Livres de luxe pour mariage et première communion, livres de piété, sciences, littérature et voyages, spécialité pour étrennes, livres classiques, livres anglais et intaliens, albums de phothographies et gravures, rue Saint-Dominique, 2.

MACHINES A COUDRE PASCALIS, 36 et 38, passage de l'Hôtel-Dieu. Prix : 10 f. — 25 f. — 40 f. — 60 f. — 100 f. — 150 f. — 275 f. — 325 f. — 350 f. — 400 f. — 450 f. — 500 f. — 550 f. — 600 f. — 700 f. — 800 f. — 850 f. — 2,000 fr.

MALLETIER BON (Ch.), au Canon-d'Or, fabrique spéciale de malles en cuir en tous genres, étuis à chapeaux, caisses à robes, cartables, fourreaux de parapluie, etc., gros et détail, r. Bellecordière, 10.

BROSSETTE, quai des Célestins, 4, Lyon. Fabrique de malles, articles de voyage, complément de chasse, assortiment de sacs de voyage, sacs nécessaires, boîtes à chapeaux, caisses à robes pour dames, malles pour soieries, etc.

MÉCANICIEN ALDAY, fauteuil breveté s. g. d. g. pour opérations chirurgicales. Il est l'inventeur d'un autre nouveau système breveté spécialement pour les malades, rue Confort, 6.

MÉDECIN-OCULISTE RIVAUD - LANDRAU, médecin-oculiste, maison de santé ophthalmique, route de Villeurbanne, rue de Charlet, 4 ; cabinet de consultation, place Louis-le-Grand, 23 ; traitement des maladies des yeux.

MEUBLES BAUMANN aîné, marchand de meubles neufs et d'occasion, tapisseries, tentures, glaces, pendules et porcelaines, laines, plumes et crins, rue du Palais-Grillet, 15, dite du Puits-Pelu, à Lyon.

MEUBLES. BAUMANN jeune, rue Saint-Marcel, 25, marchand de meubles et objets d'art, sommiers, glaces, pendules et porcelaines, laines, plumes, crins et fauteuils. Vente de meubles par souscriptions et par cachets.

MESSAGERIES ARTIGE (Xavier), messageries du Dauphiné, quai de l'Hôpital, 1. Encaissement d'effets.

C. BLESS, transports, camionnages et factages, quai de l'Hôpital, 9 (voir aux annonces).

KELLERMANN (A.) et Cie, compagnie générale de messagerie, transports par chemins de fer, grande et petite vitesse, maison à Paris, rue Boulois, 22. Administration dans toutes les villes princip. de France, r. Constantine, 4.

Messagerie, Roulage et Recouvrements, MOLÉ et ALLARD, commissionnaires de transports en grande et petite vitesse, à Lyon, rue Saint-Dominique, nº 13, dans la cour; à Saint-Etienne, rue du Treuil, nº 12; à Saint-Chamond, Grand'Rue, nº 58. Boite d'avertissement à Lyon, rue Impériale, 4, chez Mme Perrier, bureau de Tabac.

MIROITIER GRONIER (J.), gérant du dépôt des glaces des manufactures de St-Gobain, Chauny et Girey, verres bruts pour dallage, couvertures de gares, ateliers et serres, approuvés par la société d'encouragement pour l'industrie nationale, pl. Louis XVI, 2.

MONT-DE-PIÉTÉ CAILLOT, bureaux particuliers, opérations par correspondances, cours de Brosses, 6, et rue Basse-Combalot, 5.

MONUMENTS FUNÈBRES BEAUPELLET, successeur de Courtois, entrepreneur de travaux funèbres pour la ville et la campagne, fabrique et tient en magasin un grand assortiment de monuments en marbre et en pierre, construit des caveaux en tous genres : autels, chaires à prêcher, tables de communion en fer et fonte, etc., chemin du cimetière de Loyasse, 7.

MUSIQUE CLOT (P.) et Cie, éditeurs de musique et facteurs de pianos, abonnement à la lecture musicale, ventes et locations de pianos et harmoniums, échanges, accordements et réparations, succursale des maisons Erard et Alexandre, rue de l'Impératrice, 1.

MUSIQUE, PIANOS ET ORGUES. A. REY, location et pianos, grand assortiment à la lecture musicale, harmoniums des meilleurs facteurs, rue Lafont, 6.

OBJETS DE DÉVOTION BELLE (C.) jeune, rue Bourbon, 9, fabrique de chapelets.

PAPETERIE CHAVENT, place Croix-Pâquet, 2 et 3, spécialité de papiers pour la soierie, fabrique de registres, fournitures de bureaux.

J.-M. LÉVY (ANCIENNE PAPETERIE de), rue St-Joseph, 23, assortiment de papier d'écriture, de dessin, de pliage et autre imagerie commune. Fabrique de registres, fournitures de bureau, reliure en tout genre, articles de dessin.

MOLARD (F.), fabricants de registres, fournitures de bureau, administration et pensionnat, papier de pliage et impressions, rue Royale, 6, et rue Victor-Arnaud, 5.

PHILIPPE RAPET. PAPETERIE ET LIBRAIRIE, reliures, rue Terme, 8, Lyon.

PAPIER TOILE CIRÉE MEILLARD (A.-R.), seul fabricant de papier toile pour emballage, brevet en France et à l'Etranger, expédition, exportation, rue Moncey, 149. Dépôt à Paris, rue des Jeûneurs, 46, et rue St-Martin, 325; médaille de la société d'encouragement, Paris (1862).

PAPIERS PEINTS COURTOIS (F.), grand choix très-varié d'articles, les meilleurs marchés jusqu'aux plus riches, décoration d'appartements en tous genres; papiers peints pour tentures d'un nouveau style et de fantaisie, manufacture et détail, rue de l'Impératrice, 65, angle de la rue Thomassin.

PENSIONNAT de Jeunes Gens de l'abbé BLAND, à la Mulatière, près Lyon.

PENSIONNAT. — Les religieuses de l'Assomption. Pensionnat de Demoiselles à Ste-Foy-lès-Lyon.

PENSIONNAT-INSTITUTION. Don Carlos HÉVIA, professeur et traducteur des langues Espagnole, Italienne et Portugaise, expert et interprète *en titre* près les tribunaux et mairies de Lyon, 37, rue Thomassin, près la rue Impériale.

PEINTRE-ARTISTE LANGLOIS, professeur de peinture et de dessin, Lyon, passage de l'Hôtel-Dieu, 45.

BROUTECHOUC, PEINTRE-DÉCORATEUR, entrepreneur de peinture de bâtiments, rue de Bourbon, 33.

RONZIÈRE père et fils, PEINTRES-DÉCORATEURS, maison fondée en 1798, spécialité pour enseignes et stores en tous genres, rue Neuve, 2.

PHARMACIE Homœopathique. BORRELLY (A.), pharmacien de 1re classe, pharmacie spéciale homœopathique, rue Impériale, 45.

CROLAS, rue du Trion, 10. (Voyez aux annonces.)

Vor DECORPS, 63, rue de Bourbon, près la place Napoléon, Lyon.

DUCHER. Extrait dépuratif et purgatif de *Pollini*, remède célèbre pour la guérison des maladies qui altèrent le sang. — Tablettes et sirop d'Ergsimum, employés avec succès contre la grippe, l'asthme et l'oppression. — Sirop organique d'après la formule de M. le Dr Gerbeaud, rue Imbert-Colomès, 12.

GUICHON, pharmacien, rue de l'Impératrice, 31 (voir aux annonces).

PHOTOGRAPHE N. COUDANT, portraits et vues, portraits après décès, cartes de visite et reproductions, rue Centrale, 56, au 1er, en face de l'allée de l'Argue.

VICTOIRE, photographe, rue St-Pierre, 22 (voir aux annonces).

PIANOS GRUNER, breveté s. g. d. g. pour le piano renfermant les cahiers de musique et clavier perfectionné, vente, location, réparation et accord, rue Impériale, 63.

PLACEMENT (Nouveau bureau de), rue Thomassin, 8, entresol. Abonnement : 6 fr. l'an pour les filles ; 9 fr. pour les hommes. Sans frais d'inscription. Ne pas confondre avec le bureau qui était à la même adresse, ni avec les autres bureaux de la ville.

CHARLES (T.), gérant de l'*Indicateur général*, autorisé pour le placement des employés et domestiques des deux sexes, rue de la Barre, 14, au premier.

POMPES en tous genres, moteurs à vent et travaux hydrauliques, LIVET, constructeur, breveté s. g. d. g., ci-devant rue Centrale, 37, Lyon. Pompes pour puits, arrosage, soutirage, incendie, à purin et pour épuisements, pompes à manéges et Norias, réparations de pompes et locations, appareils hydrauliques en tous genres, tuyaux pour conduites d'eau, arrosage, soutirage et incendie, plomberie, fontaines, ferblanterie et travaux de bâtiments, spécialité de porte-voix pour comptoirs, magasins, appartements, etc. ; nettoyage parfait des appareils à gaz les plus engorgés. — Atelier et magasin actuellement route de Grenoble, 46, Monplaisir, Lyon. Boîte aux lettres : rue centrale, 37, Lyon. — NOTA. L'omnibus de Monplaisir stationne place des Cordeliers, part toutes les heures et passe devant l'atelier.

PRESSOIRS à vin, à huile, etc., presses de tous genres pour toute industrie, breveté s. g. d. g. Plusieurs 1ers prix à divers concours. Achat et échange de tous produits. BOIRON et Cie, r. de Vauban, 59.

PROFESSEUR de comptabilité, CAHEN (J.), professeur de comptabilité commerciale et teneur de livres, rue Impériale, 58.

PROFESSEUR GROGNIEUX, professeur de danse et de maintien, passage de l'Argue, escalier G.

PROFESSEUR GROGNIEUX, professeur d'escrime, passage de l'Argue, escalier G.

PROFESSEUR D'ÉCRITURE REVEL, rue St-Dominique, 1. Expert dans son art devant les Tribunaux, enseigne suivant les méthodes anciennes et nouvelles.

PROFESSEUR D'ITALIEN Mme GRAND-GIROUD, en 60 leçons, méthode Cardelli, élève de M. Pie de Cardelli, de Rome, donne des leçons en ville et dans son domicile, rue Centrale, 24. — Traduction des lettres commerciales à 1 fr.

PROFESSEUR D'ALLEMAND HARTMANN. Leçons et traduction, grande rue Longue, 25.

PROFESSEUR DE LANGUES Don Carlos HÉVIA, expert interprète et traducteur en titre près les Tribunaux et les Mairies de Lyon, professeur des langues Espagnole, Italienne, Portugaise. Cabinet central pour la traduction de toutes les Langues. *Acompana los Estrangeros*, 37, rue Thomassin, près la rue Impériale.

PROFESSEUR D'ANGLAIS Miss A. SOMERVILLE, de Londres, rue Royale, 17.

PUBLICITÉ LYONNAISE V. FOURNIER, directeur. Agence générale de publicité française et étrangère; affichage dans toute la France, distributions d'imprimés, insertions dans tous les journaux. Tableaux dans les hôtels et gares, rue Centrale, 23.

RÉGISSEUR LAMBERT (Jules-Adolphe), régisseur d'immeubles, rue Mercière, 34, et quai St-Antoine, 15.

RELIEUR L. THOMAS fils, relieur, doreur, rue de la Préfecture, 8.

RESTAURATEUR J. KAHN, restaurant israélite, rue de la Préfecture, 8.

MILLE fils, à St-Just, territoire des Grandes-Terres, chemin de la Demi-Lune, 25, vaste restaurant, kiosques, tonnelles de toutes dimensions, grands et petits salons, billards, jeu de boules, quilles et tonneau. Prix modérés pour la consommation.

C. GUTTON, rôtisseur et marchand de comestibles, galerie de l'Argue, 45.

VIEUX (Joseph), rue de l'Arbre-Sec, 20. Restaurant situé au centre des affaires, offre tous les jours, à ses clients, une carte des mets les plus variés, ainsi qu'un service au menu à des prix très-modérés; grande célérité dans le service, salon de famille.

SALLE D'ESCRIME dirigée par M. CHRÉTIEN. Il a l'honneur d'annoncer qu'il donne des leçons tous les jours, de 7 à 10 heures du soir, et il rappelle aux amateurs ainsi qu'aux élèves de ne pas le confondre avec plusieurs autres personnes qui prennent le titre de professeur. Dans sa salle, les principes sont démontrés avec toute l'élégance que l'on peut désirer, *rue Godefroy, angle de la place Louis XVI*.

SCIERIE mécanique, sculpture et menuiserie. E. HYACINTHE, 3, rue Croix-Jourdan, Guillotière. Fabrique de moulures pour ébénisterie, lames d'abat-jour, châlets, pavillons, etc. Découpage à façon pour toutes espèces d'industries au mètre, au cent et à l'heure.

TABLETIER REINERO, tourneur, rue Confort, 11. Fabrique de pipes bruyère et cannes de sûreté. Réparation de tous genres de pipes : écume et ambre, ainsi que cannes et éventails, etc.

TAILLANDIER BALLAND jeune, successeur de Baboz, rue Passet, nº 3 (Guillotière). Spécialité pour bouchardes et outils de tailleurs de pierre, outils en acier fondu de tous genres.

TATTERSALL LYONNAIS Ecole d'équitation et de dressage, avenue de Noailles, nºs 53, 55, 57, aux Brotteaux. Etablissement public autorisé en date du 8 janvier 1866, par M. le Sénateur, Préfet du Rhône, pour la vente aux enchères de chevaux, voitures, harnais. J. SCHWALBACH et Cie.

CHAMBRE DE COMMERCE
DE LYON

Cette Chambre est composée de quinze membres, dont le renouvellement s'opère par tiers, tous les deux ans. Elle nomme son président et son secrétaire tous les ans dans son sein. M. le Préfet du département du Rhône en est, en outre, membre-né et le président d'honneur. Il préside les séances où il assiste en personne.

LISTE
des Membres de la Chambre de Commerce.

MM.
Arlès-Dufour C ❋, p. Tholozan, 19.
Aynard (François-Henri) ❋, manufacturier, r. Impériale, 19.
Bonnet (J.) ❋, r. Pizay, 16.
Brosset aîné C ❋, r. Royale, 23.
Duseigneur ❋, r. Mulet, 18.
Faure (Bruno) ❋, rouennier, r. Ferrandière, 29.
Fougasse aîné ❋, r. Ste-Catherine, 2.
Galline (Oscar) ❋, banquier, r. Impériale, 13.
Guérin (L.), r. Puits-Gaillot, 31.
Jame (Hippolyte) ❋, marchand de soie, r. Désirée, 4.
Lyonnet Ch. ❋, r. Bât-d'Argent, 31.
Meynier ❋, r. du Garet, 3.
Michel (Antoine) ❋, r. Ravez, 9.
Monterrad (Amédée) ❋, r. Royale, 29.
Vachon aîné ❋, q. St-Vincent, 39.

Bureau.

Président d'honneur, M. le Préfet du Rhône.
Président élu, Brosset aîné.
Secrétaire-trésorier, Jame (Hippolyte).

Secrétariat.

Secrétaire-arch., Tisseur (Jean), r. de la Reine, 10.
Employé, Chapuis (Claude), r. Magneval, 4.

Le Bureau du Secrétariat de la Chambre, établi au Palais du Commerce, est ouvert tous les jours, excepté les dimanches et fêtes, depuis onze heures du matin jusqu'à quatre heures après-midi.

TRIBUNAL DE COMMERCE

PRÉSIDENT.

M. Lyonnet Ch. ❋, r. Bât-d'Argent, 9.

JUGES.

MM.
Osmont, Champagne, Tresca, Jaillard, Demessieux, Monnier, Charmetton, Pariset, Mulaton, Mottard.

JUGES SUPPLÉANTS.

MM.
Boffard, Devilliers, Mathevon, Million, Clément-Désormes, Villard.

GREFFE.

M. Paturle, greffier, r. Pomme-de-Pin, 10.

Le greffe est ouvert tous les jours non fériés, de 8 h. du matin à 4 h. du soir.

SECRÉTARIAT DE LA PRÉSIDENCE.

M. Garrone, secrétaire, q. St-Vincent, 29.
Bancillon, sous-secrétaire.

Le secrétariat, où se trouve la comptabilité des faillites, est ouvert tous les jours non fériés, de 10 h. du matin à 3 h. du soir.

Le président y donne ses audiences tous les jours non fériés, le mardi excepté, de 1 h. à 3 h. du soir.

SYNDICS DE FAILLITE.

MM.
Rolland (J.), r. de la Bourse, 35.
Dargère, pl. des Cordeliers, 12.
Prémillieux, r. d'Amboise, 2.
Grizard-Delaroue, rue Puits-Gaillot, 15.
Hostache (J.), r. de la Platière, 9.
Dode (J.), r. Ste-Catherine, 13.

ARBITRES, EXPERTS EN AFFAIRES DE COMMERCE.

MM.
Tatu, pl. Impériale, 53.
Bellay aîné, teneur de livres, expert en affaires commerciales, r. Bât-d'Argent, 9.
Muret, r. Lanterne, 6.
Barraud, r. d'Auvergne, 2.
Guilhermet, pl. du Change, 1.
Baconnier (Stéphane), teneur de livres, expert en affaires commerciales, r. d'Algérie, 1.
Garnier, r. Impériale, 61.
Calley (L.), r. Lanterne, 24.
Luquin (N.), r. de l'Arbre-Sec, 19.
Paoli, passage de l'Argue.

AGENTS DE CHANGE

CAISSE SYNDICALE, PALAIS DE LA BOURSE.

MM.
Descours (Laurent) ✱, syndic, r. Impériale, 1.
Bizot (J.), r. Impériale, 7.
Jauvat (L.) r. Impériale, 9.
Desgaultière (A.), rue de la Bourse, 14.
Lavastre (G.), r. Impériale, 10.
Bouchard (P.-L.), rue Impériale, 24.
Bouchardy, pl. des Cordeliers, 1.
Neuhaus (T.-G.), rue de la Bourse, 10.
Charpine (C.), r. Gentil, 21.
Demoustier (R.), r. Gentil, 19.
Devienne (G.), r. Puits-Gaillot, 7.
Ferrand (F.), r. Impériale, 20.
Laforge, r. Impériale, 18.
Legat (J.-J.), r. Impériale, 10.
Picot (L.), r. Impériale, 17.
Mayrargues (E.), r. Pizay, 3.
Mariéton (V.), r. Impériale, 24.
Monier (J.), r. Impériale, 6.
Page (F.), pl. de la Bourse, 3.
Rozier (A.), rue de l'Impératrice, 37.
Saunier, r. Impériale, 10.
Savoye (L.), r. Gentil, 11.
Serullaz (H.), pl. de la Bourse, 2.
Delaroche, r. Neuve, 32.
Steiner-Pons (E.), pl. de la Bourse, 3.
Teillard (F.), r. Impériale, 47.
Thomas (L.), r. de la Bourse, 39.
Waldmann (Em.), r. de la Bourse, 47.
Thouverez (Cl.-Ch.-Ernest).
Holstein (R.), agent comptable.

CONSEIL DES PRUD'HOMMES
DE LYON

MM.
Thevenet, président, r. Terme, n° 21.
Favrot, vice-président, quai de l'Hôpital, 9.

SECTION DE LA SOIERIE (FABRICANTS).

MM.
Silvant, r. St-Joseph, 44.
Gourd, q. de Retz, 1.
Sévène, r. Impériale, 1.
Pin, r. de l'Impératrice, 1.
Laboré, r. Puits-Gaillot, 33.
Tapissier, pl. Tholozan, 26.
Falsant, r. Puits-Gaillot, 4.
Bollud, gr. r. des-Feuillants, 2.

CHEFS D'ATELIERS.

MM.
Carbonnel, pl. St-Georges, 44.
Thevenon, passage Lamure, 7, Croix-Rousse.
Couturier, r. Lemot, 10.
Condamin, r. Projetée, 8.
Burlat, avenue des Tapis, 2.
Gadoux, m. Rey, 7 et 9.
Chupier, gr. r. Croix-Rousse, 63.
Picot, r. Suchet, 19.
Bonnet, r. de la Magdeleine, 16.

DORURE ET PASSEMENTERIE.

MM.
Siméan, pl. Sathonay, 4.
Girerd, r. Bât-d'Argent, 12.
Fichet, r. Puits-Gaillot, 3.

CHEFS D'ATELIERS.

MM.
Ferra, r. Monsieur, 25.
Blanquet, r. Grôlée, 41.
Seur, montée des Carmes-Déchaussés, 10.

BONNETTERIE ET TULLE.

MM.
Manigot, pl. St-Clair, 2.
Berthaud, r. Vieille-Monnaie, 35.

CHEFS D'ATELIERS.

MM.
Fontaine, r. de la Citadelle.
Dorion, r. Mottet-Gérandot, 4.

CHAPELLERIE (FABRICANTS).

MM.
Noyer, cours Lafayette, 8.
André, r. St-Joseph, 22.
Berger, r. Grôlée, 34.

CHEFS D'ATELIERS.

MM.
Soubraz, r. de l'Arbre-Sec, 35.
Charmette, r. Madame, 77.
Rode, gr. r. de la Guillotière, n° 119.
Conservateur des échantillons, Dova, rue d'Ivry, 31.
Secrétaire en chef, Poly, r. du Jardin-des-Plantes, 1.
Secrétaire-adjoint, Guiot, rue Bourbon, 30.
Huissier, Cottet, r. St-Pierre, 18.

CAISSE DE PRÊTS.

MM.
Grand-Clément, agent comptable, q. St-Antoine, 20.
Depalme, teneur de livres, r. St-Denis, 16.
Ychalette, c. visit., r. des Tables-Claudiennes, 6.
Viala, concierge, r. de l'Annonciade, 17.

Audiences publiques, à la Chambre du Conseil, au Palais du Commerce, les lundi, mercredi et vendredi. Les conciliations, règlements de comptes et expertises se font les lundi, mercredi et vendredi, à 10 h. du matin, dans les salles du greffe.

Le président reçoit les lundi, mercredi et vendredi, de 10 à 11 h. du matin, dans son cabinet, au secrétariat du Conseil, au Palais du Commerce.

CONSULATS ÉTRANGERS

BELGIQUE.

M. Quisard (J.-V.) ❋, r. Puits-Gaillot, 33.

GRAND-DUCHÉ DE BADE.

M. Meurer (C.), pl. Tholozan, 18.

BRÉSIL.

M. Puy fils, place Bellecour, 17. Bureaux, p. r. des Feuillants, 5

ESPAGNE.

MM.
Belz (E.), vice-consul, r. Puits-Gaillot, 5.
Bosch (J.), chancelier, r. Duguesclin, 100.

ÉTATS-UNIS.

M. Viollier (L.-M.), consul, c. Morand, 21.

HESSE, BAVIÈRE, FRANCFORT, WURTHEMBERG ET SAXE-WEIMAR.

M. Schlenker, rue Ste-Catherine, 5.

PORTUGAL.

MM.
Siefert, vice-consul, r. Puits-Gaillot, 5.
Belz, chancelier.

ITALIE.

MM.
Gambarotta, consul général, pl. Impériale, 55.
N. N., vice-consul.

SUISSE.

M. Rüffer, consul, rue Impériale, 19.

TURQUIE.

M. Yéméniz ❋, r. Royale, 6.

MEXIQUE.

M. Goubillon (A.), vice-consul, r. d'Algérie, 21.

GRÈCE.

M. Yéméniz fils, r. Ravez, 9, et r. Royale, 6.

SOCIÉTÉ DE SECOURS MUTUELS

Et Caisse de retraite des ouvriers en soie de Lyon.

Ces deux institutions ont pour but : l'une de secourir dans le cas d'incapacité de travail résultant des maladies, blessures ou infirmités susceptibles de guérison, et l'autre d'assurer des pensions viagères pour la vieillesse.

Les bureaux de la Société, établis place des Capucins, 3, sont ouverts tous les jours, de 9 heures du matin à 4 heures du soir.

Les cotisations et les inscriptions de nouveaux sociétaires sont reçues au même bureau, tous les dimanches, de dix heures à une heure.

Président :
M. Brosset (J.), président de la Chambre de commerce.

COMMISSION ADMINISTRATIVE.

Président, M. Dangain (Etienne).
Vice-président, M. Rey (Aug.).
Agent comptable, M. Foullut.

Lyon, impr. de P. Mougin-Rusand.

TABLE DES MATIERES.

Pages.

Lyon. — Imp. Pinier, rue Tupin, 31.

www.ingramcontent.com/pod-product-compliance
Ingram Content Group UK Ltd.
Pitfield, Milton Keynes, MK11 3LW, UK
UKHW031047260726
13965UKWH00006B/701